捨《す》て犬《いぬ》・未来《みらい》、しあわせの足《あし》あと

今西乃子［著］
浜田一男［写真］

岩崎書店

捨《す》て犬《いぬ》・未来《みらい》、しあわせの足あと

◉目次

プロローグ

捨《す》て犬《いぬ》・未来《みらい》、15歳《さい》になる

わたしの名前は未来《みらい》!

今年15歳《さい》になったおばあちゃんの柴犬《しばいぬ》だ。

犬の平均寿命《へいきんじゅみょう》はざっくり13年から15年――。

わたしも、いよいよ犬生の大台《おおだい》に乗《の》ったってわけだ。

「大台」っていうのは、まあ、かんたんに言うと「生きている中での大きな区切《くぎ》り」って意味《いみ》かなあ。平均寿命《へいきんじゅみょう》の15歳を過《す》ぎても、元気で何不自由なくいられるのは幸《しあわ》せなことだ。

ここでひとつ、区切りをつけて、元気でいられることにあらためて感謝《かんしゃ》しなくちゃと思う。感謝《かんしゃ》！　そりゃそうだ。この年になるまでに、亡《な》くなる犬は少なくない。

わたしより5歳《さい》年上だった先住犬《せんじゅうけん》のコーギー、蘭丸《らんまる》兄《にい》ちゃんはガンと脊《せき》髄《ずい》の病気で、12歳で亡くなった。

わたしが大好きだったボーイフレンドのシェパード、アトム君も12歳で天国へ。

同級生《どうきゅうせい》のラブラドール・レトリーバー、ジョイ君は、いっしょに長生きしようって約束《やくそく》したのに14歳を目前《もくぜん》に亡くなり、仲良《なかよ》しだったミックス犬の葵《あおい》、チビも、13歳を過《す》ぎて亡くなった。

動物愛護《どうぶつあいご》センターから次《つぎ》つぎとやってきた、あずかりっ子のひなちゃん、ナナちゃん、ゆずちゃんも、それぞれ、病気《びょうき》で11歳、8歳、6歳という若さで亡くなった。

近所《きんじょ》に住《す》む、柴犬《しばいぬ》の茶々《ちゃちゃ》ちゃんは、16歳を過ぎて、オムツをつけながらがんばっているけど、後ろ足が弱《よわ》くなり、散歩《さんぽ》に行ける日も少なくなってきた。こういうつらい話は、犬を飼《か》う人間にとって「明日《あす》はわが身《み》」と思うらしい。

友達《ともだち》の犬が亡《な》くなったり介護《かいご》が必要《ひつよう》になったりするたびに、うちのかあちゃん（飼い主）は、その犬たちとわたしを重《かさ》ね合《あ》わせて、心配《しんぱい》ばかりしている。

そして、毎度《まいど》おなじことを言うんだ。

「未来！　友達の分まで元気で長生きしようね！　元気でお散歩に行こうね！」

「かあちゃん！　わたしは元気いっぱいだよ！　お肉《にく》だって今でももりもりたくさん食べてるし、夜もぐっすり寝《ね》てるよ！　オシッコはよく失敗《しっぱい》するようになったけどね」

犬も、年をとるとトイレが近くなり、間《ま》に合《あ》わなくなって、ときどきゆかやおふとんに「シャー……」っと失敗《しっぱい》しちゃうんだ。

そんな時もかあちゃんは、おこったりせず、わたしがトイレを失敗しないよう、さまざまな工夫《くふう》をこらした「未来《みらい》ちゃんトイレバスマット」をつくってくれた。

これは、小さなバスマットを四つパズルのように組み合わせてひとつにしたもので、オシッコでよごれたマットだけを洗えばOKというわたし専用のトイレだ。

わたしは、外の庭や散歩《さんぽ》の時にトイレをすます「お外派《そとは》」で、トイレシートの上で排泄するのは好きじゃない。若いころはよかったけど、年をとるとお庭にでるまで、がまんできなくなる。そこで、かあちゃんはわたしのトイレ用にバスマットをたくさん買って「未来ちゃんトイレバスマット」を用意。ふかふかのバスマットは、お庭の芝生《しばふ》のような感触《かんしょく》で、わたしはお庭感覚《かんかく》で、ここでオシッコができるようになった。

かあちゃん！　わたしがオシッコしたくなるタイミングや好《す》きな場所《ばしょ》をよく観察《かんさつ》しているなあ。おかげで、15歳《さい》を過《す》ぎた今も「未来《みらい》ちゃんトイレバスマット」の上で失敗《しっぱい》せず快適《かいてき》にトイレもできて、オムツも必要《ひつよう》ない。

「心配《しんぱい》ご無用《むよう》！　わたしはまだまだ元気だよ」

かあちゃんを見て、丸いシッポをぷんぷん元気よくふると、かあちゃんは笑《わら》いながら、わたしをナデナデしてくれるけど……。年をとったわたしへのかあちゃんの心配事《しんぱいごと》は、別のところにあった。

それは、わたしが子犬の時からもつ後ろ足の「障《しょう》がい」だった。

多くの犬は、年をとると後ろ足の筋肉《きんにく》がおとろえ、歩くのがおそくなり、階段《かいだん》や段差《だんさ》の上り下りもむずかしくなってくる。

その後ろ足に致命的《ちめいてき》な障がいをもっている犬、それがわたし。

右後ろ足は足首から切断《せつだん》されていて地面《じめん》にはつかないし、左後ろ足も指《ゆび》から先が切られていて肉球《にくきゅう》がわずかに残《のこ》っているだけ。

その左後ろ足に残《のこ》されたわずかな肉球《にくきゅう》と前足を上手《じょうず》に使って、わたしはひょっこら、ひょっこらと歩く。バランスをとるため、地面から1センチほど宙《ちゅう》にういた右後ろ足をクルンクルンと回しながら歩くと、まん丸に巻いたわたしのシッポもクルンクルンとゆれる。

ハンディキャップがあっても、わたしは子犬のころから散歩《さんぽ》が大好《だいす》きだった。

かあちゃんはそのため、いろんなことを考えて、わたしの散歩を工夫《くふう》した。

後ろ足に障《しょう》がいをもつわたしの散歩場所は、やわらかな芝生《しばふ》や土がある公園や、海岸《かいがん》の砂浜《すなはま》だ。

アスファルトは足がいたくて歩けないから、かあちゃんに抱《だ》っこしてもらって、公園や海岸までの道のりを進んだ。

それを15年も続《つづ》けているんだから、かあちゃんの足腰《あしこし》、腕《うで》の筋肉《きんにく》はえらくじょうぶになったにちがいない。15年といえば、人間でも「オギャ!!」と生まれた赤ちゃんが中学校を卒業《そつぎょう》するまでとおなじ年月。それだけの長い間、春夏秋冬《しゅんかしゅうとう》欠《か》かさず、毎日、わたしはかあちゃんやとうちゃんに抱《だ》っこされて散歩《さんぽ》に出かけてきたんだ。

長いようであっという間だったなあ——。

遠い昔のことを考えていると、子犬のころの記憶《きおく》がよみがえってきた。

お散歩デビューして間もないころ、かあちゃんがわたしを抱っこして歩いていると、知らない人の多くが、声をかけてきた。

「犬なのにそれじゃあ散歩にならないよ」「年をとっているの?」

そのたびに、かあちゃんは説明した。

「この子は生後《せいご》、1、2か月の時に右目と両後ろ足を切られて、捨《す》てられていました。

縁《えん》があって、うちの家族《かぞく》になったんです」

するとみんなおどろいて、悲《かな》しそうな顔でこう言った。

「かわいそう……」

かあちゃんの胸《むね》のトクトクと鳴《な》る鼓動《こどう》を聞きながら、わたしは「かわいそうってどういう意味なのかな?」と、考えた。


あれから15年——。

わたしは今も、かあちゃん、とうちゃんに抱《だ》っこされて近くの公園や海岸《かいがん》に行き、たくさん、たくさんお散歩《さんぽ》している。後ろ足がなくても、ウンチもオシッコも自分の力でできる。

15年間、ご飯《はん》を残《のこ》したことは一度もない。大きな病気《びょうき》にもなったこともない。

そして、15歳《さい》になった今も、かあちゃんと小・中学校に行き「命の出前《でまえ》授業《じゅぎょう》」に参加《さんか》している。

気がつけば、いつの間にか「かわいそう」って言われなくなっていた。

人間って不思議《ふしぎ》だなあ……。

わたしの後ろ足は切られたままで、今も昔も不自由なままなのに、わたしの右目は今もとじないのに、わたしを見てもまわりは「かわいそう」と言わなくなったんだ。

やがて、わたしのまわりにはたくさんの笑顔《えがお》があふれるようになり、悲《かな》しい顔をわたしに向ける人はいなくなっていった。

わたしの体は、わたしの障《しょう》がいは15年間何も変わっていないのに、人間にはわたしの何かが変わったように見えるのかな。

そういえば、ある小学生が、わたしに、こんなことを言ったっけ——。

未来《みらい》が変わったのは、体じゃなくて、心なんだね。心がかがやけば、体もかがやく！　心と体はひとつなんです！

わたしの心が変わった――？

もし、そうなら、子犬のころ、人間にいじめられて、こわい思いをして、捨《す》てられたわたしが、かあちゃん、とうちゃんと家族《かぞく》になってから、毎日、心がぽかぽか、楽しくくらしているってことかな？

障《しょう》がいがあったって、年をとっておばあちゃんになったって、かあちゃん、とうちゃんとずっと、ずっといっしょで、心がぽかぽかなら、これからもかがやいていられるってことなんだ。

命って不思議《ふしぎ》だ――。

心がかがやけば、すべてがきらきらするんだね。

そして、自分の心がかがやけば、自分を見るまわりの人を笑顔《えがお》にすることができるんだ！

◆◆◆◆◆◆◆◆◆◆◆

障《しょう》がいをもった子犬・未来《みらい》

その子犬と出会ったのは、今から15年前――。

公園の木々が赤や黄色にそまりはじめた11月半《なか》ばのことだった。

名前は未来。

未来を千葉《ちば》県動物《どうぶつ》愛護《あいご》センターから保護《ほご》したボランティア、山口麻里子《やまぐちまりこ》さんの話によれば、未来は生後1か月を過《す》ぎたころ、虐待《ぎゃくたい》され、捨《す》てられ、警察署《けいさつしょ》に落としものとしてとどけられたのち、動物愛護センターに収容《しゅうよう》されたのだという。

右目がざっくりと切られ、ひどく化膿《かのう》していたうえに、右後ろ足も足首から下を切断《せつだん》。左後ろ足も指から先が全部切られていてなかった。

「未来《みらい》のような障《しょう》がいをもつ犬に、新しい飼《か》い主《ぬし》さんを見つけることは、かんたんじゃありません。そのため、動物愛護《どうぶつあいご》センターで未来は、殺処分《さつしょぶん》されることになっていました」

幸《さいわ》い、殺処分前日ぎりぎりのところで麻里子《まりこ》さんに救《すく》われた未来は、麻里子さんの家で世話をしてもらいながら、新しい飼い主をさがしていたのである。

麻里子さんの家の玄関《げんかん》を入ると、小さな未来がひょっこらひょっこらと歩いていた。

「今で生後約《せいごやく》4か月くらいになるかと思います」

麻里子さんが未来を目で追いながら言った。

わずかに残った左後ろ足の肉球《にくきゅう》をつえのように使い、体重《たいじゅう》のほとんどを前足に乗せて歩く。足首から切られた右後ろ足は歩くたびに宙《ちゅう》をけり、バランスをとるようにクルン、クルンと弧《こ》をえがく。同時に柴犬《しばいぬ》独特《どくとく》のまん丸なシッポが左右にゆれた。

捨《す》てられていたのでたしかではないが、未来《みらい》はどう見ても柴犬の子犬だった。

柴犬には「タヌキ顔」と「キツネ顔」があるが、未来は典型的《てんけいてき》な「キツネ顔」だ。

やせていて、目つきはきつくてするどい。切られた右目が引きつれ、鼻から目頭《めがしら》にかけて傷跡《きずあと》がはっきりと残っていた。

お世辞《せじ》にも見た目に「かわいい」とは言えず、虐待《ぎゃくたい》を思わせる痛々《いたいた》しさが伝わってきた。

麻里子《まりこ》さんにうながされ、キッチンのいすに腰《こし》かけて、未来の様子《ようす》をじ

っくりと見ることにした。初めて会うわたしに、未来《みらい》は興味《きょうみ》なしといった
ところだ。

部屋の中をゆっくりと散策《さんさく》していたかと思うと、未来はゆかのにおいを
クンクンとかいで、くるくるとその場で3回まわり、ゆかに腰《こし》を落とした。

「未来ちゃん、ウンチだね」

「トイレは自力《じりき》でちゃんとできるんですね」

わたしが聞くと、「ウンチもオシッコも自分でちゃんとできますよ」と
麻里子《まりこ》さんが自信《じしん》たっぷりに言った。後ろ足が不自由な未来は、重心《じゅうしん》を後
ろ足に乗せてしゃがむことができない。

後ろ足は、左足のわずかに残された肉球だけがたよりだ。心配しながら
見ていると、未来のおしりからコロンとウンチが落ちてきた。体はまった
くぶれることなく安定《あんてい》している。

わたしは思わず、ほっとして大きなため息をついた。

ウンチが終わると、今度はオシッコだ。オシッコをするポーズは、ほぼ逆立《さかだ》ちに近い状態《じょうたい》だった。失《うしな》った後ろ足にたよることなく、前足だけで上手にバランスをとって排泄《はいせつ》を終えると、未来《みらい》はタッカタッカとリズミカルにわたしの前を通り過《す》ぎ、麻里子《まりこ》さんの愛犬《あいけん》・タイソンとじゃれはじめた。

相変《あいか》わらずわたしにはまったくの知らん顔だ。

その気配《けはい》を察《さっ》したのか、麻里子さんが「未来ちゃん！　未来ちゃんの家族になってくれる人だよ」と未来に向かって言った。

そもそも人間に虐待《ぎゃくたい》されて捨《す》てられたのだ。人間におおよろこびでシッポをふるわけがなかった。だからといって人間に対しおびえる様子《ようす》も、威嚇《いかく》し、攻撃《こうげき》する様子もない。

未来にとって人間は「敵《てき》」ではなく「味方《みかた》」なのだろうか？　それとも、敵と味方がだれなのか、自分の中で見極《みきわ》めているのだろうか。未来は芯《しん》が強く、とても頭のいい犬に見えた。

そんなことを考えながら見ていると、未来《みらい》がタイソンと取っ組み合いのプロレスごっこをはじめた。

「未来は、犬が大好きで、犬同士《どうし》で遊ぶのが大好きです」

麻里子《まりこ》さんが、未来の長所《ちょうしょ》をアピールするかのように、自慢気《じまんげ》に言った。

部屋の中はカーペットがしかれているため、後ろ足が不自由でもそれなりに自由に遊べるようだった。

未来が家の中で過《す》ごす様子《ようす》を見ていると、日常生活《にちじょうせいかつ》に問題はないように思えた。

コーヒーをごちそうになりながら、どれくらいの時間、未来の様子を見ていただろう。

「障がいのある子犬・未来の里親募集中」というブログをインターネットで見た時、新しい飼《か》い主《ぬし》として名乗《なの》りを上げるかどうか、わたしは一週間以上《いじょう》なやんだ。

「障《しょう》がい」のある犬を引き取り、これから10数年いっしょに過《す》ごすということがどういうことなのか、覚悟《かくご》を決めなければならなかったからだ。

「今は、体重《たいじゅう》が4キロほどの子犬だけど……、成犬《せいけん》になり体重が増《ふ》えたら、自力で排泄《はいせつ》したり、歩いたりできるのかなあ……」

わたしがひとり言《ごと》のようにつぶやくと、「これればかりは先になってみないとわかりません」と麻里子《まりこ》さんが言った。

これから先、体重が増えて後ろ足に負担《ふたん》がかかると、体を支《ささ》えきれなくなり、車いすが必要《ひつよう》になるかもしれない。さらにその先、老犬《ろうけん》になれば、後ろ足がない分、早々に介護《かいご》が必要《ひつよう》になるかもしれない。普通《ふつう》の犬でも、筋肉《きんにく》の老化《ろうか》は後ろ足からはじまるという。

不安《ふあん》が次《つぎ》つぎとよぎり、子犬をむかえるよろこびなどどこへやら、先々起こるであろう悪いことばかりが頭にうかんだ。

「不安ですか？」

「……すみません……」

「飼《か》い主《ぬし》さんが不安になると、犬にそのまま伝わりますよ」

言われてわたしは、申《もう》し訳《わけ》ない気になった。

「ひとつ聞いていいですか？　そこまで不安に思うのに、どうして、障《しょう》がいのある未来《みらい》の飼い主さんになろうと思ったのですか」

なやんでいるわたしのすがたを見るに見かねたのか、麻里子《まりこ》さんが聞いた。

「……アメリカに住むわたしの友人で……、虐待《ぎゃくたい》を受けて障《しょう》がいを負《お》った犬を引き取った人がいたんです」

「ここにいる未来と、まったくおなじですね」

彼女の名前はジョアン・ドルトン。ジョアンはアメリカの少年院《しょうねんいん》で、罪《つみ》を犯《おか》した少年たちの更生《こうせい》プログラム「プロジェクト・プーチ（ドッグ・トレーニング・プログラム）」の責任者《せきにんしゃ》をしていた。

ジョアン・ドルトン
アメリカの少年院《しょうねんいん》で、罪《つみ》を犯《おか》した少年たちの更生《こうせい》プログラムの責任者《せきにんしゃ》をしている。

これは捨てられた犬たちを引き取り、少年たちが世話《せわ》をして新しい飼《か》い主《ぬし》を見つけるというプログラムだ。そのためジョアンは犬の行動学《こうどうがく》や子どもの教育に関する知識《ちしき》にもたけていた。そのジョアンから新しい家族をむかえたとメールで伝えられ、その犬が心身ともにたいへんな障がいをもっていることを知ったのだ。いくら彼女《かのじょ》が犬の行動学にくわしいとはいえ、わたしは賛成《さんせい》できなかった。その犬の名前はルーフス。2歳になる大型犬《おおがたけん》で、子犬のころ、もとの飼い主に後ろ足をにぎられた状態《じょうたい》で、何度《なんど》もゆかにたたきつけられ前足が折《お》れ曲《ま》がってしまったという。保護《ほご》されたが、新しい飼い主候補《こうほ》が現《あらわ》れず、殺処分《さつしょぶん》となる直前、アニマルシェルター（動物《どうぶつ》保護施設《ほごしせつ》）から連絡《れんらく》を受けたジョアンが飼い主に名乗《なの》りを上げたのだ。

その話をジョアンから聞かされた時、わたしは心から彼女を案《あん》じた。虐待《ぎゃくたい》されたルーフスはひどい人間不信《にんげんふしん》におちいっていて、大きなトラウマ（心の傷《きず》）をもっていたからだ。トラウマと身体的障《しんたいてきしょう》がいをもった犬を引き取るとなると、彼女《かのじょ》はたいへんな苦労《くろう》を背負《せお》いこむことになる。

一時の同情《どうじょう》だけで「命をあずかる」ことはできない。ルーフスはまだ2歳《さい》で、これから10年以上、ずっといっしょにくらしていかなくてはならないのだ。聞けば、折《お》れ曲《ま》がった足の手術《しゅじゅつ》も必要《ひつよう》だという。しかし、彼女の決意は石のように固かった。

それからしばらくして、ジョアンからメールが来た。

ルーフスはすでに、ジョアンの家族《かぞく》としていっしょにくらしているという。

メールの文面は短く、数行にわたってこう書かれていた。

これは、命に対する自分自身《じぶんじしん》のチャレンジだ
だれもが匙《さじ》を投《な》げた「傷《きず》ついた命」を、自分の力で幸《しあわ》せにすることができたら、これほど自分にとって「幸せ」で「名誉《めいよ》」なことはない

わたしは、その言葉に素直《すなお》に感動した。

ジョアン・ドルトンというひとりの人間の生き方が、とてつもなくすてきに思えたのだ。


後ろ足のない子犬、未来《みらい》をインターネットのブログで見つけたのは、ジョアンのメールがとどいたその直後《ちょくご》だった。

「これは……、きっと何かの〝縁《えん》〟……。ジョアンからの贈《おく》りものではないか、そう思ったほどです」

「その〝縁〟を大切にしたらどうでしょう？　きっとおたがいが出会う運命だったんです」

麻里子《まりこ》さんが静《しず》かに笑《わら》った。

その笑顔《えがお》の奥《おく》には、麻里子さんの別の思いがあるようにわたしには思えた。

わたしが障《しょう》がいを負《お》った未来《みらい》を家族《かぞく》にむかえようかと思った理由。それはジョアンとルーフスだった。ならば、麻里子さんが未来を動物愛護《どうぶつあいご》センターから救《すく》い出した理由は何だったのか？　ただ、単に傷《きず》ついた子犬が「かわいそう」だったからなのか。

わたしたち二人は、何も話さず、未来の行動《こうどう》を目で追っていた。

何分くらい時間が過《す》ぎただろう。

突然《とつぜん》、麻里子さんが「20年ほど前のことですが……、わたしは飼っていたネコを安楽死《あんらくし》させたんです」と言った。

麻里子さんの愛猫《あいびょう》の名前はオルガ。

それは麻里子さんが自宅の引《ひ》っ越《こ》しをした直後のできごとだった。

オルガは、新しい家になじめず、もとの家に帰りたくて外に飛び出してしまい、交通事故《こうつうじこ》にあってしまった。その時、車にひかれたオルガは両前足の肩から下を失《うしな》ってしまったのである。麻里子《まりこ》さんはオルガを抱《だ》いて、あわてて動物病院《どうぶつびょういん》にかけこんだ。

「障《しょう》がいがあっても、元気に生きて寿命《じゅみょう》をまっとうする犬やネコはたくさんいる。命さえ助かれば……そう思って獣医《じゅうい》さんに診《み》てもらったのですが……オルガのけがはそんな単純《たんじゅん》なものではなく……。このままでは苦《くる》しんで苦しんで死ぬのをまつだけだと……。……獣医さんは、オルガの安楽死《あんらくし》をわたしにすすめました」

麻里子さんの顔が青ざめて見えた。蛍光灯《けいこうとう》の灯《あか》りのせいかと思ったがそうではないらしい。麻里子さんの深《ふか》い心の傷《きず》を、わたしが掘《ほ》りおこしてしまったようだ。

麻里子さんは続けた。

「安楽死……。そんなことは絶対《ぜったい》にできない……。できるわけがない……。

その日は獣医さんに応急処置《おうきゅうしょち》をほどこしてもらい、わたしはオルガを自宅《じたく》に連れて帰りました。ところが、獣医《じゅうい》さんの言うとおり日に日に苦しみが増《ま》すオルガを見て、とうとう決意したんです。わたしは、安楽死《あんらくし》をえらびました。大好きなオルガを、この手に抱《だ》いて結局《けっきょく》天国に送りました」

その話を聞いて、なぜ麻里子《まりこ》さんが未来を救《すく》おうと思ったかすぐにわかった。

麻里子さんはわたしの目をいっさい見ず、新しいコーヒーをわたしのカップにつぎ足すと、淡々《たんたん》と語った。

「20年前のわたしは……、オルガに対してたくさんの〝ごめんなさい〟をつくった飼い主でした。大好きなオルガをけがさせてしまった。守れなかった。苦しい思いをさせた。そして……、安楽死をえらんだ……」

麻里子さんは未来を救うことで、オルガへの「ごめんなさい」をひとつでもつぐなおうとしていたのだ。

多かれ少なかれ、人ならだれにでもあるのではないだろうか——。

だれかへの「ごめんなさい」……。

あやまればすむこともあるだろうが、死んでしまった者への謝罪《しゃざい》はもうできない。

ならばその「ごめんなさい」を、どうつぐなえばいいのか——。

麻里子《まりこ》さんは、オルガへの「ごめんなさい」を、オルガとおなじように足に障《しょう》がいを負った未来《みらい》を救《すく》うことで、つぐなおうとしたのだ。

オルガとおなじように足を失った未来を見た時、「絶対《ぜったい》にこの子犬を救わなくてはならない」と自分に言い聞かせたのだろう。

それは、オルガのためであり、麻里子さん自身《じしん》のためでもあったはずだ。

麻里子さんの話を聞いて、だれかを救うことは自分の心を救うことにもなるのだとわたしは思った。

「未来と初めてセンターで出会った時、わたし自身も決心《けっしん》がつきませんでした。未来を救おうかどうしようか……ところが、その時、まるでわたし

の心を知ったかのように、未来《みらい》がシッポをふって近よってきたんです。そして、わたしの手をなめた……。未来がわたしに向かってほえたり、かみついたりしていたら、ここまで決心できたかどうかわかりません。未来もまた、人間を信じることをえらんだのだと思います」

わたしがだまったまま、未来を見ていると「これから先のことはさておき、未来をもし家族《かぞく》にむかえるとなれば、今、すぐ考えていただきたいことがあります。それは、未来のお散歩《さんぽ》です」と麻里子《まりこ》さんが切り出した。

そうだ。まず大切なのは目先の問題だ。

麻里子さんの話では、未来はまだ散歩に出たことがないという。

子犬はワクチンの接種《せっしゅ》が終わって、病気の感染《かんせん》の心配《しんぱい》がなくなれば、早々にお散歩デビューをしなくてはならないのだが、この足で道路を歩けるとはとても思えなかった。

麻里子さんは「里親募集《さとおやぼしゅう》」のブログで「義足《ぎそく》をつくってはどうか」と提《てい》

案《あん》していたが、未来《みらい》は犬だ。「これをつければ不自由なく歩ける」と理解《りかい》することはできないし、違和感《いわかん》から、ストレスを感じてしまうだろう。

義足をつくることは、わたしは乗り気ではなかった。

そこでわたしは「未来の足のまんまで楽しめる散歩《さんぽ》」を提案した。

それが、公園の芝生《しばふ》の上と海岸《かいがん》だった。

カーペットのようなやわらかな場所で自由に遊べるのなら、芝生や海岸の砂浜の上でも自由に散歩ができるだろうと考えたのだ。

田舎《いなか》に住むわたしが未来の飼《か》い主《ぬし》に名乗《なの》りを上げようと考えたひとつの理由《りゆう》が、この「住環境《じゅうかんきょう》」だった。もし、わたしが都会のど真ん中で周囲《しゅうい》にアスファルトしかない住宅街《じゅうたくがい》に住んでいたら、未来の飼い主になろうとはそもそも思わなかっただろう。

これも「縁《えん》」だとわたしは思った。

麻里子《まりこ》さんもこの散歩案《さんぽあん》には大賛成《だいさんせい》のようだった。

「ぜひとも、未来《みらい》をよろしくお願いいいたします」

「はい……」わたしはうなずいたが、障《しょう》がいをもつ犬の飼《か》い主《ぬし》になることへの不安《ふあん》がなかなかぬぐい切れなかった。

ジョアンという友人に触発《しょくはつ》されて、未来を引き取ることはかんたんだ。しかし、命とは息《いき》をしているということではない。命とは、幸せになること、そして生きる希望《きぼう》があるということだ。これから十数年、未来が年をとり、その寿命《じゅみょう》をまっとうするまで幸せにしてあげなくてはならない。障《しょう》がいがあって、後ろ足が不自由でも毎日安心してくらせて、楽しいお散歩《さんぽ》にも行けるように……。

命のチャレンジに失敗《しっぱい》はゆるされない。わたしは未来に会ってからも、なかなか決心《けっしん》がつかなかった。

わたしが返事《へんじ》をにごしていると「そんなに力を入れなくても、普通《ふつう》にかわいがってくれれば、未来は幸せだと思いますよ」と麻里子《まりこ》さんが淡々と言った。

「でも、障《しょう》がいがあることは、他の犬とはちがいますから……」

わたしが言うと、麻里子《まりこ》さんは、カップの底《そこ》に残った最後《さいご》のコーヒーを飲みほし、「犬はそんなこと考えているのかなあ」とポツンとつぶやいた。

わたしが首をひねって麻里子さんの顔を見ると、麻里子さんはこう続けた。

「犬は人間みたいに、障がいがあるから自分は、置《お》いてけぼりとか、いじめられるかも、とか……。そんなこと、思うかなあ……」

ふと、未来を見ると、タイソンと遊びつかれたのか、お腹《なか》を出してコテンと寝ていた。

切られた短い後ろ足が痛々《いたいた》しく思えた。

「障がい」という「壁《かべ》」はまちがいなくある。

「障がい」を「個性《こせい》」と、前向きにとらえる考え方もあるが、「障がい」

はないほうがいいとだれもが思うはずだ。

未来《みらい》が五体満足《ごたいまんぞく》ならとても愛《あい》らしい柴犬《しばいぬ》の子犬であり、未来を家族《かぞく》にむかえたいという人はいくらでもいるだろう。健《すこ》やかな四本の足で好きなだけ歩き、好きなだけ走ることができるだろう。

しかし……ふと思った。

未来に障《しょう》がいがなければ、わたしはここにいただろうか？

未来に障がいがなければ、未来の飼《か》い主《ぬし》になってみようかと、考えただろうか？

そもそも、未来の飼い主に名乗《なの》りを上げたのは、傷《きず》ついた未来を自分の力でかがやかせてあげたいと考えたからではないか。わたしもジョアンのようにだれかを幸せにすることで、自分も幸せになりたいと思ったからではないか。

ならば、障がいを理由にためらうことは本末転倒《ほんまつてんとう》だ。

麻里子《まりこ》さんと未来《みらい》との「縁《えん》」、そして、わたしと未来との「縁」は、まちがいなく未来の「障《しょう》がい」が結んだ「縁」だ。

あのジョアンとルーフスを結んだように……。

ジョアンがアニマルシェルターから引き取った犬、ルーフス。

Enjoy the simple
pleasures of life
all year long!
Joan and Sasha

未来《みらい》の後ろ足

未来《みらい》の命を麻里子《まりこ》さんから「バトンタッチ」して、未来がわが家《や》の家族《かぞく》となってから間もなく、アメリカのジョアンから小包《こづつみ》がとどいた。中にはジョアンが住む、オレゴン州《しゅう》ポートランドで有名なチョコレートとカードが入っていた。

ついに、新しい小さな家族がやってきたんだね！　すごくうれしい！！

本当に、おめでとう！

未来《みらい》を家族《かぞく》にすることを、わたしはジョアンに真《ま》っ先《さき》に知らせていた。その思いどおり、このニュースをだれよりもよろこんでくれたのは彼女だった。

とどいたチョコレートを冷蔵庫《れいぞうこ》に入れようとキッチンに行くと、冷蔵庫の前にはりつくようにピタッと未来がすわっていた。

わが家に来てから一度もほえることなく、だまったままで、ほとんどの時間を未来は冷蔵庫の前にすわっている。ここに食べものが入っているのをわかってか、落《お》ち着《つ》くのか、この場所がお気に入りだった。

未来はまったくほえない犬だった。わが家に来てから一度も「ワン！」と言わず、ただじっと周囲《しゅうい》を観察《かんさつ》して、ときどき警戒《けいかい》するかのようにわたしの行動を上目《うわめ》づかいで見ていた。

ほえるたびに、もとの飼《か》い主《ぬし》にたたかれていたのだろうか。

たたかれるという恐怖《きょうふ》からほえることをやめてしまったのだろうか。

「未来《みらい》ちゃん！　未来が家族《かぞく》になったことをいちばんよろこんでくれたのは、ジョアンさんだよ。かあちゃんにチョコレート、プレゼントしてくれたよ。未来ちゃんは、これは食べられないけどね！」

チョコレートは犬には有害《ゆうがい》な食べものだ。

未来は口をへの字に結び、ひたすらわたしの顔色を見て様子《ようす》をうかがっている。

そのすがたは「絶対《ぜったい》にほえてはならない」と自分に言い聞かせているようだった。

家族になるには、まだ時間がかかりそうだ。

こればかりはあせっても仕方がない。未来がわたしたちに心を開いてくれるのをまつしかなかった。

それから一週間ほどが過《す》ぎ、未来はお散歩《さんぽ》デビューをすることになった。

想像《そうぞう》どおり、アスファルトの上では、未来は歩くことがほとんどできな

かった。初めて出た外の散歩《さんぽ》で一歩《いっぽ》、また一歩と前に進もうとするが、ザラザラとしたアスファルトがいたくてたまらないらしい。短い右後ろ足からむき出しになった骨が、ときどき地面にすれるのか、しゃがみこんで、何度も右後ろ足の先を執拗《しつよう》になめた。かなりの違和感があるのだろう。

わたしはすぐに未来を抱《だ》っこすると、自宅から100メートルほどはなれた大きな公園に連れて行った。

生後4か月を過《す》ぎたばかりの未来の体重《たいじゅう》は、5キロに満《み》たない。抱《だ》いて歩くのも軽々《かるがる》の重さだ。しかしこれから成長するにつれ、体重も増加《ぞうか》する。

成犬《せいけん》になった時、どれくらいの大きさになるのかわからなかったが、柴犬《しばいぬ》のメスなら、10キロをこえることはまずないだろうと思った。

わたしは未来を抱《だ》きながら、空を見上げた。

公園まではわずか100メートルだが、腕《うで》の中に小さな未来を抱いて歩

く100メートルは、何か特別な距離《きょり》に思えた。

「未来《みらい》、ここなら歩ける？」

言いながら、未来を公園の草むらにおろすと、未来は地面のにおいをクンクンとかぎながら、ひょっこらひょっこらと自ら歩きはじめた。一歩《いっぽ》、一歩ふみ出し、リズミカルに前に進む。

草のにおい、土のにおい、公園の遊具《ゆうぐ》のにおいを何度もかぎながら、オシッコをかけてマーキングをする。未来はメス犬のわりに、マーキングの多い犬だ。犬のマーキングは、自分の存在《そんざい》を他の犬に示すと同時に、犬同士のコミュニケーションをとる重要《じゅうよう》な手段となる。また、マーキングをすることで自分の居場所《いばしょ》を特定でき、安心にもつながるという。

このマーキングの時以外、未来は家の中で歩くのとおなじくらいの速さで歩き、後ろ足をなめたりかばったりする様子《ようす》はなかった。

初めて歩く公園は、未来の瞳《ひとみ》にどんなふうにうつっているのだろう。

ひどいけがを負《お》わされた右目の傷《きず》は、眼球《がんきゅう》がぎりぎりのところで無事《ぶじ》だったため、視力《しりょく》には問題がなかった。手術《しゅじゅつ》で、切られた皮膚《ひふ》をぬい合わせたが、まぶたが欠損《けっそん》していたため、寝《ね》ている時も目をとじることができない。傷跡《きずあと》はやはり痛々《いたいた》しい。

未来《みらい》は鼻をクンクンと空に向けて、空気のにおいをかいでいた。

「未来！　これで遊ぼう！」

わたしが未来に向かってお気に入りのビニール製《せい》の小さなボールを投げると、未来はそれを追って、トッコトッコとゆっくりとかけ出した。未来は転《ころ》がったボールを口で上手にキャッチすると、シッポをふった。楽しそうだ。

その後は、まん丸なシッポをぷんぷんふりながら、自らトッコトッコと歩き続け、公園内を散策《さんさく》した。これならだいじょうぶ。公園でのお散歩《さんぽ》は問題なく続けられそうだ。わたしはホッと胸《むね》をなでおろした。

公園の散歩《さんぽ》になれてしばらくたったころ、わたしは未来の次なる場所でのお散歩デビューにチャレンジすることにした。

そこは、太平洋《たいへいよう》を望む砂浜《すなはま》が延々《えんえん》と続く、九十九里《くじゅうくり》の白子海岸《しらこかいがん》だった。カーペットやふとんの上でタイソンとはしゃぐ未来を見て、海岸であれば、未来は走れるのではないか。そう確信《かくしん》していた。切られて短いために空《くう》を切る右後ろ足も、砂の上ならうもれて着地できるだろうし、いたくはないはずだ。

未来ちゃんは、後ろ足をほとんど使ってないので、筋肉《きんにく》がつかず太《ふと》ももがペラペラでうすいんです。海岸でたくさん走ることができれば、太ももに筋肉がつくかなあ……。

少したいへんかもしれませんが、これから未来をよろしくお願いします。

麻里子《まりこ》さんが言ったとおり、未来の後ろ足の太ももはペラペラにうすかった。

後ろ足の筋肉《きんにく》をきたえる方法《ほうほう》を見つけられなければ、ますます筋肉は減《へ》ってしまうだろう。この先、成犬《せいけん》になるにつれ、体重が増《ふ》えればなおさら心配《しんぱい》だった。

海岸《かいがん》で走ることができれば、後ろ足の筋肉の問題も解決《かいけつ》できるはず。

何としてでも、海岸散歩《かいがんさんぽ》は成功《せいこう》させたかった。

その日、わたしは、いつものように未来を抱《だ》っこすると、海岸に向かってアスファルトの道を歩きはじめた。

ところが――、海岸へ行く途中《とちゅう》のトンネルに差《さ》しかかると、未来は急にブルブルとふるえだした。そのふるえ方は普通《ふつう》ではない。抱いているわたしの二《に》の腕《うで》がブルブルゆれるほどはげしく、わたしは思わず、未来の顔をのぞきこんだ。

未来《みらい》の小さな三角の耳が、プルプルとふるえている。

捨《す》てられた時のことを思い出したのだろうか。海の近くで何かこわい思いをしたのだろうか。

「未来！　だいじょうぶだよ！　もう安心していいんだよ！」

わたしは抱《だ》きながら未来をなだめすかし、海岸への道のりを歩いた。

「きゅーん……」

未来がふるえながら小さく鳴いた。抱かれたわたしの腕《うで》に、しっかりとしがみついている。

あまりにもふるえているので、海岸へ行くのを止《や》めようかと、一瞬《いっしゅん》わたしは足を止めた。

しかし、海岸なら、公園以上に未来の足にとって具合《ぐあい》がいいはず。

海岸に行っても歩かず、まだふるえているようなら、その時点で考えを変えてもいいではないか。とにかく行くだけ行って、歩かせてみよう。

わたしは気をとり直して、トンネルを通りぬけた。

「未来《みらい》、だいじょうぶだからね。ずっといっしょだからね……」

トンネルをこえ、国民宿舎《こくみんしゅくしゃ》がある広い原っぱをこえて、サボ山とよばれる小高い砂丘《さきゅう》をこえると、そこには真《ま》っ青《さお》な海が広がっていた。

すでに晩秋《ばんしゅう》を過《す》ぎた海岸には、人っ子ひとりいない。

砂浜《すなはま》に足をふみ入れたわたしは、そっと、そっと、未来を砂浜におろした。

未来はふるえながら地面のにおいをかぎ、その場にしゃがむとすわりこんでしまった。

リードを引いてもまったく歩く様子《ようす》はない。

わたしは未来から少しはなれて「未来！　おいで」と手まねきした。

まだふるえている。

「未来《みらい》！　こっちだよ！」

わたしの声にうながされるように、ようやく未来が一歩前足をふみ出した。一歩、二歩、三歩……。

「そうそう！　上手！　上手！　歩けるよ！　もっと歩けるよ！」

わたしは手まねきして未来をよんだ。

未来は、一歩、また一歩、砂浜《すなはま》のにおいをかぎながらわたしめがけて歩いた。

やがて、下がっていたシッポが左右にゆれ、クルンと巻き上がり、未来は砂浜をタッカタッカとリズミカルに歩きはじめた。わたしは未来の歩く速さに合わせ、未来の前に立って手まねきした。

タッカ、タッカ、タッカ……。公園の芝生《しばふ》を歩く速さとおなじくらいのスピードになった。

「そうそう！　未来！　がんばれ！　こっち、こっち」

手まねきして未来《みらい》をよぶと、未来は歩くスピードをどんどんと上げていった。

わたしはもって来た未来のお気に入りのボールを未来に差し出し、それをポンと投げた。

未来がボールめがけて走った――。

そして、砂浜《すなはま》の上で大きくジャンプすると、ボールをくわえ、飛《と》ぶようにかけ出した。

わたしは必死《ひっし》に砂浜をかけたが、とても追いつけそうにない。

海岸を走る未来は、後ろ足に障がいをもつ犬ではなかった。

体を躍動《やくどう》させ、丸いシッポを風になびかせ、飛《と》びはねるように走った―。

海岸で走る未来を見るかぎり、未来の後ろ足に障《しょう》がいがあるとはだれも思わないだろう。

「未来を幸せにできる……」。

未来《みらい》の走るすがたを見て、うそいつわりなくそう確信《かくしん》した。

わたしはその場でおどりだしたいほどうれしい気もちになり、延々《えんえん》と広がるこの砂浜《すなはま》に心から感謝《かんしゃ》した。


その後、未来は徐々《じょじょ》に本来の子犬らしさをとりもどしていった。

退屈《たいくつ》になれば、遊ぼうとわたしのズボンをひっぱったり、まくらをやぶって中の綿《わた》をひっぱり出したり、スリッパをかんだり、ベッドの上ではしゃぎまわったり――。

しかし、未来が何より好きになったのは白子海岸《しらこかいがん》での砂浜散歩《すなはまさんぽ》だった。

朝も夕方も散歩に行きたくて、時間が来るとまちきれない様子《ようす》で、玄関《げんかん》でキュン、キュン鳴いた。

海岸散歩は未来の可能性《かのうせい》をフルに開花《かいか》させた。

未来は走った――。

1キロでも2キロでも他の犬に負けないくらい走り、砂浜《すなはま》でジャンプし、スピンして、その小さな体でよろこびをめいっぱい表現《ひょうげん》した。

楽しくて仕方《しかた》がないのか、未来の海岸散歩《かいがんさんぽ》は、時に2時間近くにもおよんだ。

海岸での散歩は、未来の後ろ足に何ら支障《ししょう》をもたらさなかった。

どんなにジャンプしても足に衝撃《しょうげき》をあたえない海岸は、どこまでも続く天然《てんねん》のクッションだ。そのすがたを見て、だれより幸せを感じていたのは、海岸を走る未来を見るわたし自身だった。

「傷《きず》ついた命」を、自分の力で幸せにすることができたら、それは、自分にとって「幸せ」であり、「名誉《めいよ》」なことだ
ジョアンのその言葉に、心底共感《しんそこきょうかん》できたのは、この時だった。

傷《きず》を受け、捨《す》てられた未来《みらい》が、目の前で風のように走るすがたは、まちがいなくわたしに大きな幸せをあたえてくれたのである。

「ある」ことが「幸せ」と人は考えるが、「ない」ことから大切なことに気づき学ぶこともある。

目の前で走る、後ろ足のない子犬、未来が教えてくれたように——。

「ない」ものをほしがるより、今「ある」ものを大切にすればいい。

自分がもっているもので、精一杯《せいいっぱい》かがやくことができればいい。

それがどれだけすばらしいことなのか、わたしは未来と出会って初めて知った。

この時、わたしは無邪気《むじゃき》に海岸《かいがん》を走る未来を見ながら約束《やくそく》した。

「未来……。これから10年、15年、ずっとずっといっしょに楽しくくらそうね。ずっとずっと幸せにするよ。約束するよ」

西にかたむきかけた太陽が、海岸にかかる橋を照らし、未来は海岸からサボ山をこえて、国民宿舎《こくみんしゅくしゃ》の原《はら》っぱへと、とっとこ、とっとこ自《みずか》ら進む。
歩くたびに、未来の小さなまん丸なシッポが左右にゆれた。

後ろ足の障《しょう》がいと心の傷《きず》

その日、夕方のドッグランは、お散歩《さんぽ》ラッシュで多くの犬たちでにぎわっていた。

学校の校庭ほどの広さがある広場では、たくさんの犬たちが走り回って遊んでいた。

未来はその様子《ようす》をじっと見ていた。

未来も仲間に入り、思い切り走りたいのだろうか。

それとも、海岸《かいがん》以外《いがい》では、自分があんなふうに走れないことをわかっているのだろうか――?

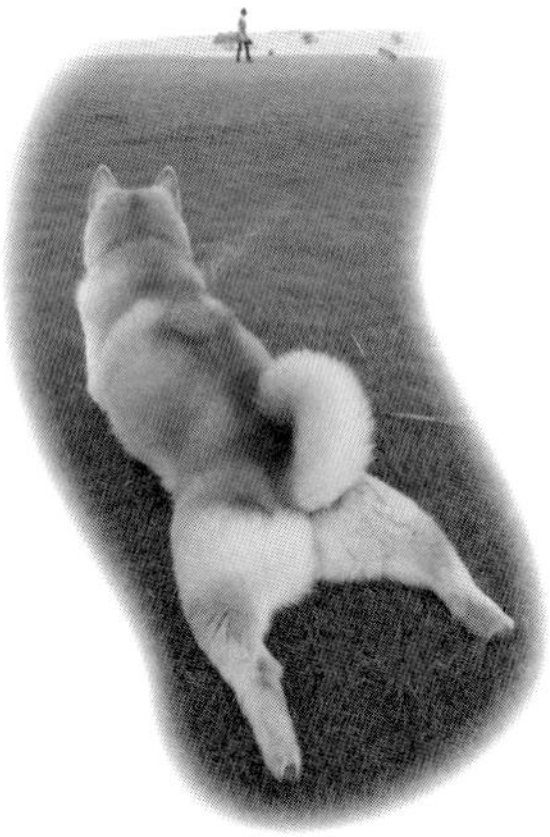

見ていると、犬たちが次《つぎ》つぎと近づいてきて、未来《みらい》にあいさつをした。

未来は、どの犬に対しても上手にあいさつを返す。

麻里子さんの愛犬《あいけん》・タイソンのおかげだと、わたしは思った。

未来はシッポをぷんぷんふって、「遊ぼう！」と相手の犬にちょっかいを出した。

数匹《すうひき》の犬たちとその場で遊びはじめた未来だったが、他の犬たちが元気に広場を走りはじめると、ポツンととり残されたように置《お》き去《ざ》りにされてしまった。

海岸《かいがん》以外の場所で、未来は他の犬のように走ることができない。

それをわかっているのか、いないのか、未来は、のびのびと走り回る犬たちを遠くからぼんやりと目で追っていた。

そのすがたは、とてもさびしそうにわたしには見えた。

自分だけ仲間外《なかまはず》れにされたと感じているのだろうか。

犬の未来《みらい》はどう思っているのか、犬は自分に障《しょう》がいがあることを理解《りかい》できるのかできないのか、わたしは未来を見ながら考え続けた。

後ろ足が不自由で、歩き方も他の犬とはちがうという認識《にんしき》は、犬の未来の中にもあるだろう。

子犬を産んだ母犬は、複数《ふくすう》の子犬の中で、強い子、弱い子をすぐに見わけるという。

ならば、外見的な障がいも見ぬく力があるのだろうか。

そんなことをつらつらと考えながら公園で走る犬たちを見ていると、大型犬《おおがたけん》のゴールデン・レトリーバーが走り寄ってきて、未来のにおいをクンクンとかいだ。

未来も、あいさつを返すと芝生の上を歩きはじめて、シッポをふって「遊ぼう」とさそった。

ゴールデン・レトリーバーが未来と遊びはじめた。未来は芝生《しばふ》を転《ころ》げな

がらじゃれて遊んでいたが、ゴールデン・レトリーバーが体を大きくのばし、ふたたび広場を走りはじめると、あきらめたようにしゃがみこんで、そのすがたを目で追った。

ゴールデン・レトリーバーは「早く来いよ！」というように未来《みらい》に向かってシッポをふりながらほえたが、未来はそれ以上、ゴールデン・レトリーバーを追うことはしなかった。

未来は、他の犬のように走ることができないことを、はっきりとわかっているのだ。

他の犬たちも、未来が自分たちとおなじように走れないことを理解《りかい》しているのだと、わたしは思った。

未来はすわったまま、遠くでしなやかに走る犬たちを、顔を左右に動かしながら目で追った。

「つかれたの？」

芝生《しばふ》の上でじっとすわっている未来を見て、他の犬の飼《か》い主《ぬし》が言った。

「まだ子犬ちゃんでしょ？　柴《しば》？　おとなしいね……」

すわっていると、後ろ足が不自由なことには、よほど注意をはらわないと気づかない。

やがて、未来《みらい》が立って歩き出すと「あれ？　後ろ足？　事故か何か？」と他の犬《いぬ》の飼《か》い主《ぬし》が聞いた。

わたしが事情《じじょう》を説明《せつめい》すると、「……かわいそうに……。かわいそうな子だね」と悲《かな》しそうな顔で言って、去って行った。

〝かわいそう〟

その言葉は、お散歩《さんぽ》デビューしてからずっと、知らない人に声をかけられるたびに続いた。

その言葉は、わたしにとってつらい言葉だった。

そもそも他人から、面と向かって「あなたってかわいそうな人ね」と言われて、「うれしい」と思う人がいるのだろうか。

言われるたびに胸《むね》がいたみ、目の前にいる未来《みらい》に何度も語りかけた。

「未来は、かわいそうな子なんかじゃないからね！」

それからも「かわいそうな子」という言葉は、知らない人に会うたびに続いた。

最初は返事にこまっていたが、あまりにもたくさんの人に「かわいそうな子」と言われるので、未来がお散歩《さんぽ》デビューしてしばらくたってからは、「今は元気に過《す》ごしています」と笑顔《えがお》で返せるようになった。

みな悪気《わるぎ》があって、言っているのではない。未来を見てごく自然と出るひと言が「かわいそう」という言葉なのだ。

ひとつ、救《すく》われたのは、犬同士《いぬどうし》の間で未来は「かわいそうな犬」ではなかったということだ。

歩き方や普通《ふつう》に走れないことから、「障《しょう》がいがある」という認識《にんしき》は未来自身《じしん》にも他の犬にもあったようだが、未来《みらい》が他の犬から攻撃的《こうげきてき》にいじめられるということは一度もなかった。

犬社会にもいじめはあるとされるが、その矛先の多くは、身体的なものではない。「あいさつができない」「犬同士のルールを守れない」、つまり、社会性《しゃかいせい》にとぼしい犬に向けられるという。

その点、未来は社会性に抜群《ばつぐん》にすぐれた犬だった。強そうなオス犬が来れば、自らあお向けになってコロンとお腹《なか》を見せて、服従《ふくじゅう》ポーズをとる。自分と同等《どうとう》の犬が来れば仲良《なかよ》くプロレスごっこをして遊び、ルール違反《いはん》をする犬がいれば上手《じょうず》にたしなめた。おどろくほどまわりの空気をよく読み、相手《あいて》の出方を見て、自分の出方を決めた。

争いごとを好まず、平和を好む、未来は実に頭のいい犬だった。

しかし、やっかいに思ったのは、心ない飼《か》い主《ぬし》たちの言葉だった。

彼らは、未来の内面《ないめん》や犬としてのすぐれた社会性《しゃかいせい》を見ようともせず、捨《す》て犬で、動物愛護《どうぶつあいご》センター出身であることや、未来《みらい》の障《しょう》がいだけを見て、未来を「底辺《ていへん》の犬」とよんだ。

どういう意味なのかと聞くと、その飼《か》い主《ぬし》たちの中には、次のような犬社会のカースト（階級《かいきゅう》）という考え方があるのだという。

1. 使役犬《しえきけん》やファシリティードッグ（特に盲導犬・警察犬など）
2. ドッグショーのチャンピオン犬
3. 血統書《けっとうしょ》付き純血種《じゅんけつしゅ》
4. 血統のわからない雑種《ざっしゅ》（お里《さと》の知れない犬というらしい）
5. 野犬《やけん》・捨《す》て犬《いぬ》など
6. 未来のように捨て犬で、障がいなどがあり見た目が普通じゃない（連れて歩くと格好《かっこう》が悪いらしい）

もちろんこれは、ほんの一部の飼《か》い主《ぬし》による勝手な考え方だ。

わたしはあきれて言い返す言葉もなかった。

しかし、そんな時にこそわたしの頭の中に、ジョアンのあの言葉が何度もよみがえったのである。


だれもが匙《さじ》を投げた命を幸せにできれば、これほど幸せで名誉《めいよ》なことはない

どんな犬を飼うのかは、その人の自由だ。

また、何をどうとらえ、考えるのかも、その人の自由だが、生まれや生《お》い立《た》ち、外見ですべてを判断《はんだん》し、優劣《ゆうれつ》をつけることは、人として正しいこととは思えなかった。

そして、その人たちこそ「かわいそうな人」だなあとわたしは思った。

そんなことがあると、わたしのがっかりしている様子《ようす》が未来《みらい》にも伝わるのか、未来は「かわいそうな子」という言葉の意味がまるでわかるかのように、口をへの字にきゅっとかたく結び、ひょっこらひょっこら、不自由な右後ろ足をクルンクルンと回しながら懸命《けんめい》に歩いた。

ただひたすら、前に進もうとするその後ろすがたを見るたびに、わたしはなみだが出そうになった。


こうして、未来がわが家に来て、またたく間に半年が過《す》ぎた。

未来にとって初めてのクリスマスが過ぎ、お正月が過ぎ、サクラの季節《きせつ》が過ぎたころ、いつものように未来を連れて公園に散歩《さんぽ》に行くと、小学生の女の子が、ブランコから飛びおりて未来に近づいてきた。

「この犬の足、どうしたの？」

わたしはいつものように、少女に説明《せつめい》した。

「……ふーん……」少女はじっと未来《みらい》の足を見ている。

また「かわいそう」と言うのだろう。

そう思ってだまっていると、少女は「がんばっているんだね……」と、小さな声で言った。

わたしはびっくりして少女を見た。「かわいそう」ではなく、「がんばっている」と言われたのは、その時が初めてだったからだ。

そして「負けちゃダメ……」と言って、未来を抱《だ》きしめた。

未来はというと、いやがるわけでもなく、少女に身をまかせ、じっとしている。

おどろきでいっぱいだった。

少女にとって未来は「かわいそうな犬」ではなかった。

少女の瞳《ひとみ》に未来は、「かわいそう」ではなく「一所懸命生《いっしょけんめいい》きている犬」とうつっていたのである。

それにしても、未来《みらい》に向けられた「負けちゃダメ」は、何に「負けてはいけない」という意味なのか……？

考えても答えは出なかったが、その日を境《さかい》に、由佳《ゆか》（仮名）と名乗《なの》る少女と未来のお散歩《さんぽ》がはじまった。

由佳ちゃんは未来が来るのを公園でまち、未来がやってくると未来に自分のなやみを話しはじめた。

「わたしのお父ちゃん、刑務所《けいむしょ》にいるんだ。わたしのお母ちゃんをたたいたから……未来ちゃんもだれかにいじめられたんだよね……でも、負けちゃダメ……」

この話を聞いてようやく、「負けちゃダメ」の意味が理解《りかい》できた。

未来はというと、じっとだまって由佳ちゃんの話を聞いていた。

由佳ちゃんが未来にここまで心を開くのは、まちがいなく未来がもっている「生《お》い立《た》ち」のせいだった。未来と自分の心の傷《きず》を重《かさ》ねているのだ。

おなじ心の傷《きず》をもつ未来《みらい》なら、自分のいたみをわかってくれると由佳《ゆか》ちゃんは思っているのだろう。

不思議《ふしぎ》なのは未来だった。

未来は、あまりなでられるのが好きな犬ではない。

散歩《さんぽ》で会う人が「かわいそう」と言いながら、未来をなでようとすると、未来はさっと身をかわし、その手をさける。虐待《ぎゃくたい》を受けた以前の飼《か》い主《ぬし》に何度も頭をたたかれたのだろうか。手を頭の上にもっていっただけでにげるほど、未来はなでられるのがきらいだった。

特に未来がいやがったのは、足をさわられることだった。

切られた恐怖《きょうふ》がよみがえるのか、後ろ足は絶対《ぜったい》にさわらせない。後ろ足は当然《とうぜん》のこと、前足もつめを切るためににぎろうものなら、悲鳴《ひめい》を上げて鳴きさけんだ。体の障《しょう》がいだけではなく、未来の心の傷は大きいのだと思った。

ところが由佳《ゆか》ちゃんに対する未来《みらい》の態度《たいど》は、それとは正反対《せいはんたい》だった。

由佳ちゃんがなでても、抱《だ》きしめても、抱き上げても、未来はその身を由佳ちゃんにゆだねていた。

未来には由佳ちゃんの抱《かか》えるトラウマがまちがいなく伝わっているのだと、わたしは思った。

由佳ちゃんはその後も公園で毎日のように、未来がやってくるのをまっていた。

ひとりぼっちでブランコに乗り、未来を見つけるとブランコから飛びおりてかけ寄《よ》ってきた。未来をなでると、いつもほっとため息をもらす。

心の奥《おく》にある毒《どく》をぬくかのように、未来の体をなで続けていた。

「未来ちゃん……足いたくない？　いたくない？　だいじょうぶ……だいじょうぶ……」

未来をいたわりながら、由佳ちゃんは、自分自身にそう言い聞かせていた。

心と体に傷《きず》を負った未来は、由佳ちゃん自身のすがたなのだと、わたしには思えた。

「未来は、元気だよ。後ろ足も道路だといいたいけど、公園ならいたくないよ。ここでなら楽しんで散歩《さんぽ》できるよ」

「ここでなら……？」

「そう、あっちはいたくても、ここならいたくない」

わたしは道路と未来が歩いている公園をかわるがわる指さして、由佳ちゃんに言った。

必ず、自分にとってどこかに「いい居場所《いばしょ》」がある、ということを伝えたかったのだ。

「走れない場所で、無理《むり》に走ることはないんだよ。走れる場所で、思いっきり走ればいいいんだから」

「未来《みらい》ちゃん、走れるの？」

「うん！　アスファルトは歩けないけど、公園なら歩ける。公園は走れないけど、海が見える砂浜《すなはま》なら走れるよ！」

「走れるの？　いっしょに走りたいなあ」

由佳《ゆか》ちゃんは、空をあおいで目を細めて言った。

由佳ちゃんの目に、青空は白子《しらこ》海岸《かいがん》の海のようにうつっているのだろうか。

「由佳ちゃんは未来に追いつけないよ！　すっごく速いんだから」

すると由佳ちゃんはその場にしゃがんで、そっと未来の後ろ足をのぞきこむと「すごいなあ……足がなくても走れるなんて」と、目をまん丸くして言った。

「1キロでも2キロでも走れるし、海岸《かいがん》なら何度《なんど》でも飛び上がってジャンプできるよ！」

わたしは自慢気《じまんげ》に言った。

「走れないところで走ろうとするんじゃなくって、走れるところを見つけて、そこで思い切りジャンプすればいいんだね！」

「そうそう！　どんなことがあっても、だれにでもジャンプできる場所ってあるんだよ。そこで思いっきりジャンプすればいい！」

由佳《ゆか》ちゃんは「足がなくても公園なら歩ける。海なら走ることだってできる！」と、未来《みらい》の足を見ながら言った。

「未来ちゃんえらいなあ」

「由佳ちゃんもすごいよ」

「なんで？」

「未来のがんばっているところ、ちゃんと見てくれるから。かわいそうって言わなかったから」

「……未来ちゃんは、かわいそうなんかじゃないよ」

「……」

「未来《みらい》ちゃんは……、絶対《ぜったい》に負けない。強い子なんだよ……。わたしも……かわいそうな子って言われたくない……きっと未来ちゃんもそう思ってるよ」

言うと、由佳《ゆか》ちゃんは未来の体に自分の顔をおしつけた。

「未来ちゃん……わたしに未来ちゃんパワー……、くれるかなあ……」

「どんなパワー?」

「つらいことがあっても、くじけないパワー! 足がなくても……歩こうとするすっごいパワー……。わたしにもあったらいいなあ……」

その言葉が聞こえたかのように、未来は公園の中をひょっこら、ひょっこらと歩きはじめた。

「おばちゃん! リードかして! 散歩《さんぽ》させる!」

リードをわたすと、由佳ちゃんは未来の歩調《ほちょう》にあわせてゆっくりと進んだ。

「がんばれ！　がんばれ！　未来《みらい》！　がんばれ！」

その声は、未来というより自分をはげます声に、わたしには聞こえた。

やがて日がたつにつれ、未来のまわりには、多くの子どもたちが集まるようになっていった。

「この犬、足どうしたの？」

いつもとおなじように聞かれると、わたしはいつもとおなじ答えを返す。

「かわいそう」という子どももいたが、「えらいなあ……がんばっているね」と未来をなでる子どもも多かった。

不思議《ふしぎ》なのは、未来のまわりに集まってくる子どもたちのほとんどが、なやみごとを抱《かか》えていることだった。

「学校がきらい」「家がきらい」「友達がいない」「いじめられている」――。

子どもたちが未来《みらい》に話す言葉や態度《たいど》で、子どもたちが抱《かか》えるさまざまな問題が見えてきた。

子どもたちはそれぞれのなやみを、わたしではなく、犬の未来に話し続けた。

みな未来の前にしゃがみこみ、未来の目線《めせん》の高さに自分の目線を合わせ、のぞきこむように未来を見て語りかけた。

そして未来をなで、抱《だ》きしめ、こう言った。

「未来ちゃんってあったかいね！　未来ちゃんってやわらかいね！　元気になってよかったね！」

子どもたちの中に、飼《か》い主《ぬし》のわたしの存在《そんざい》はまったくない。未来と子どもたちだけの世界がそこにはあった。

ある日、小学校三年生の男の子が未来をなで、照《て》れながら笑顔《えがお》で言った。

「ぼくさ、小学校一年生の時にいじめられてたんだよ……最初《さいしょ》、未来ちゃんを見た時〝かわいそうだなあ〟って思ってたんだけど……今は全然《ぜんぜん》そんなふうに思わない。未来《みらい》ちゃんとぼくってちょっとにてるなあ……未来ちゃんふかふかであったかいね！　元気になってよかったね！」

未来の後ろ足は生《は》え変《か》わるわけではない。切られたままで痛々《いたいた》しく、何も変わっていない。それでも、子どもたちが「かわいそう」ではなく、「元気になってよかったね」と言うのは、未来の「体の障《しょう》がい」を見ているのではなく、未来の「心」のことを言っているのだろう。子どもたちのその言葉に、わたしは心底《しんそこ》救《すく》われた。

麻里子《まりこ》さんに出会い、わが家に来てから、未来の心は少しずつ回復《かいふく》しつつある。少しずつ安心を手に入れつつあるということだ。それが子どもたちに伝わっているから、「元気になってよかった」と子どもたちは感じる。そして、元気になった未来を見ることで、自分の心の傷《きず》も、きっと治《なお》ると信じているのだ。

「未来《みらい》ちゃんがんばってるね！」は、未来にエールを送ると同時に自分自身へ送るエールだ。だれかをはげますことは、自分をはげますことにつながっていく。

公園での子どもたちと未来のできごとは、ジョアンが言っていた言葉をより現実的《げんじつてき》なものとしてわたしの心の中に残してくれた。

ジョアンからの報告《ほうこく》によれば、床《ゆか》にたたきつけられたルーフスの前足は損傷《そんしょう》がはげしく、右前足の一本を肩《かた》から切断《せつだん》せざるを得《え》なかった。

体重《たいじゅう》の６割《わり》以上《いじょう》を支える前足を失うことは、かなりの負担《ふたん》だろう。

しかし、残された三本に問題はなく、ルーフスは歩くことも走ることもできた。

未来の後ろ足の障がいも、せめて右足一本ならアスファルトも歩けたにちがいない。

そう考えたが、わたしはその思いをすぐに頭から追い出した。

大切なのは、未来《みらい》が今もっている力を、最大限《さいだいげん》に引き出せる場所をこれから見つけること。その力をもたらしているのは、まちがいなく未来が負《お》った「障《しょう》がい」と未来が抱《かか》えているであろう「トラウマ」だ。

それぞれ心に小さな傷《きず》を背負《せお》った子どもたちは、にたような傷をもっている未来と自分とを重《かさ》ね合《あ》わせ、元気な未来を見ることで自分の中に希望《きぼう》を見いだし、笑顔《えがお》になる……。

未来も子どもたちが大好きだ。

その時ふと思い出した。

捨《す》てられていた未来を、警察署《けいさつしょ》にとどけたのは、小学生だったことを――。

未来がわが家に来た後、わたしは未来がとどけられたという警察署に連《れん》絡《らく》をし、だれが未来をとどけたのかを聞いたのである。

今でもはっきりと覚えている。

わたしが電話で話したのは女性《じょせい》の警察官《けいさつかん》で、彼女《かのじょ》はこう言っていた。

その子犬をもって来たのは、小学生でしたよ。大けがをして、捨《す》てられていた……と……

わたしは、またもや不思議《ふしぎ》な「縁《えん》」のようなものを感じた。

未来《みらい》と子ども――。子どもと未来……。

公園での子どもたちと未来の様子《ようす》を見ているうちに、わたしは未来を学校に連れて行きたいと考えるようになった。

捨てられ、障《しょう》がいをもっている未来だからこそ伝えられる、命のメッセージがあるはず。

言葉を話さない犬の未来だからこそ、子どもたちが感じとれるメッセージがあるはず。

未来が背負《せお》ってきた悲《かな》しい生い立ち、障がいのことを子どもたちに伝え、命について考えてほしいと思った。

名づけて「命の授業《じゅぎょう》」。

未来《みらい》が虐待《ぎゃくたい》され、捨《す》てられ、動物愛護《どうぶつあいご》センターに収容《しゅうよう》されてからわが家に来るまでのことを、写真とともに伝える。授業の最後《さいご》に、サプライズで本物の未来を登場《とうじょう》させ、子どもたちとふれ合ってもらうプログラムだ。

学校ならもっと、もっと多くの子どもたちに未来のメッセージがとどけられる。

生きづらさを感じている多くの子どもたちに、生きる希望《きぼう》をとどけられる。

未来がまったくほえない犬で、問題行動がまったくないことも、わたしの気もちをあとおしした。

「未来！　学校にいっしょに行こう！」

未来ならだいじょうぶ。

未来《みらい》なら学校での授業《じゅぎょう》に参加《さんか》できる――。

すでに右目の傷《きず》はずいぶんときれいに治《なお》り、未来は体重8キロの毛並《けな》みのきれいな成犬《せいけん》になっていた。

未来がわが家に来て一年が過《す》ぎた、12月頭のことである。

未来と学校

未来《みらい》は、わたしの期待《きたい》をまったくと言っていいほど裏切《うらぎ》らなかった。

一歳《さい》で学校デビューした未来は、学校が大好きになった。

わたしがパソコンの入ったかばんを手にすると、自ら玄関《げんかん》にトッコトッコと歩いていき、自分の仕事がわかっているかのように、待機《たいき》した。

犬とは実《じつ》に不思議《ふしぎ》な生きものだ。

まるでテレパシーが通じるかのように、飼《か》い主《ぬし》の思っていることを予測《よそく》する。

これは、犬がもつ能力《のうりょく》のひとつだという。

授業《じゅぎょう》に同行《どうこう》するときとおなじかばんをもっても、おなじ洋服を着ても、別の目的《もくてき》で出かける時、未来《みらい》は決して玄関《げんかん》に行ったりはしない。いつものお気に入りの場所で寝《ね》たまま、ちらっとわたしに目を向けるだけだ。未来には、わたしの行動ひとつ、態度《たいど》ひとつで、何を必要《ひつよう》としているのかが、わかっているようだった。

学校での待機場所《たいきばしょ》は、多くが校長室だったが、未来は一度もほえることなく、おとなしくクレートの中で自分の出番をまった。

そして、サプライズの時間が来ると、会場となる体育館のとびらからちょこんと顔をのぞかせ、わたしの合図《あいず》とともに、ステージに向かって子どもたちの間を堂々《どうどう》とかけぬけて行った。

子どもたちのざわめきと拍手《はくしゅ》がひびく中、未来はシッポをぷんぷんゆらして、得意満面《とくいまんめん》な顔をみんなに見せた。公園の子どもたち同様《どうよう》、未来は子

津富浦小学校

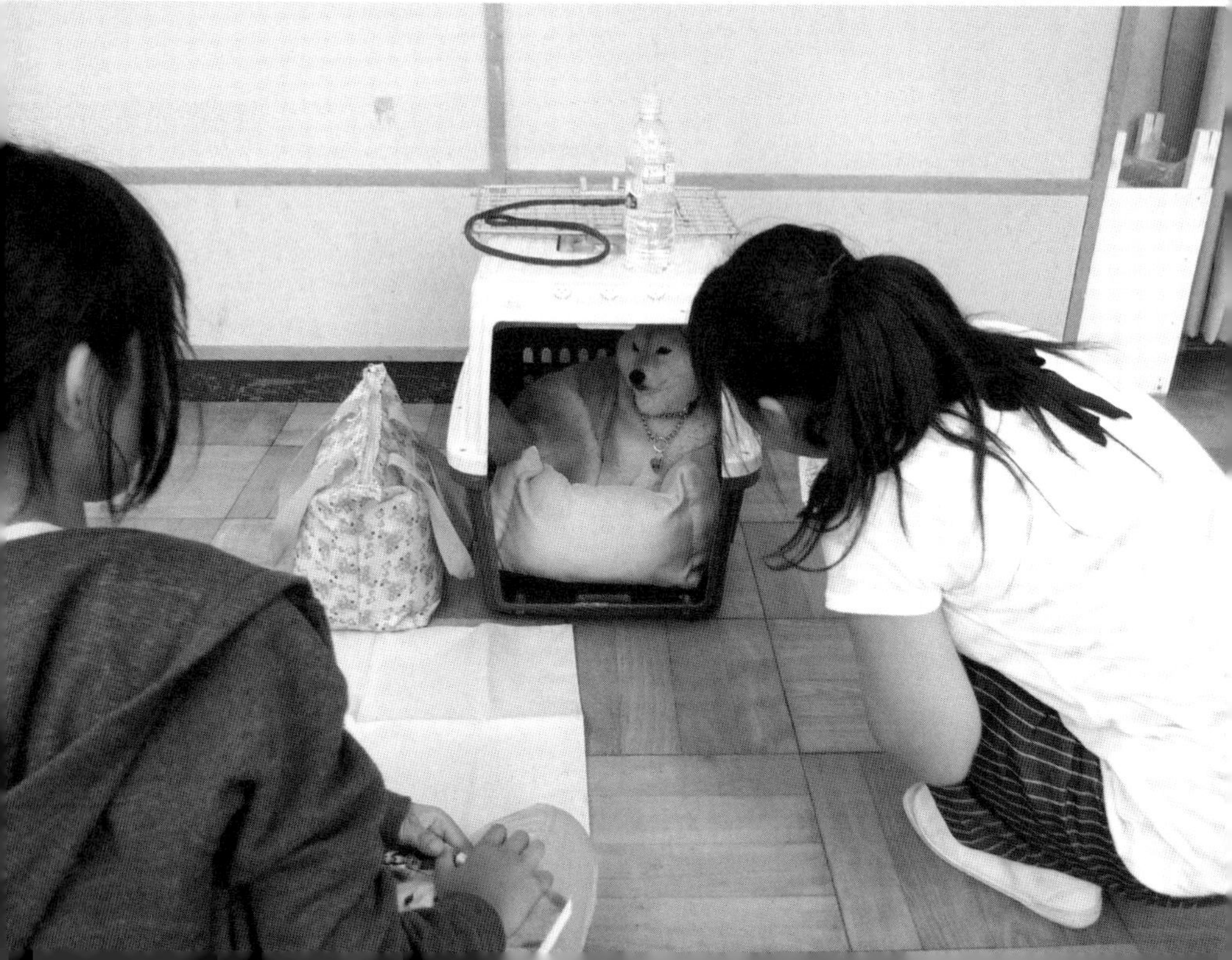

平成28年度
日本一の読書のまち

どもが大好きだった。

未来《みらい》が子どもだけに特別な態度《たいど》を見せるのは、命の恩人《おんじん》が子どもだった からなのだろうか――。動物行動学の専門家《せんもんか》によると、犬は「今という瞬間《しゅんかん》」にしばられ、過去《かこ》や未来《みらい》に思いをはせることができないとされている。自分の行動をさかのぼって考えたり、行動の成《な》り行《ゆ》きを考えたりはできないというのだ。

つまり今、目の前にいる子どもたちを見て「過去に自分を救《すく》ってくれた相手《あいて》」とは結びつかない。ならば、未来の子どもに対する友好的《ゆうこうてき》な態度は何なのだろう。

それは「記憶《きおく》」だ。記憶は「視覚《しかく》・嗅覚《きゅうかく》・聴覚《ちょうかく》」によってつくられるが、その中でも犬は、人間が想像《そうぞう》できないほど強烈《きょうれつ》な嗅覚をもっている。

人間の中にも、子ども独特《どくとく》のにおい、女性《じょせい》、男性《だんせい》独特のにおい、というのがあって、未来の記憶の中で「子どものにおい＝いいにおい」と記憶されていればどうだろう――？

「助けてもらった」という意識《いしき》はなくても、「子どものにおいは自分の味《み》方《かた》」と学習したのかもしれない。単純《たんじゅん》な記憶《きおく》だが、その記憶はおそろしく正確《せいかく》なのだ。もちろん、視覚や聴覚による記憶も未来《みらい》の中に残っているはずだ。

「背が低くて、小さくて、声の高い人間は、自分の味方」と、未来は学習したのかもしれない。

学校では、一度に平均《へいきん》200人程度《ていど》の子どもたちとふれ合う未来だったが、そのすがたは楽しそうで、何かの使命《しめい》を感じているようにわたしには見えた。子どもは未来にとってまちがいなく「味方」だった。

ところが……。保護者《ほごしゃ》や大人たちが未来をさわろうとすると、未来の態《たい》度《ど》は変化した。

子どもたちがどんなにさわってもじっとしているのに、大人がさわろうとしたとたんにさっと頭をよけて、彼《かれ》らの手をかわす。これは、他人だけではなく飼《か》い主《ぬし》のわたしに対しても起こることだった。もとの飼い主に何度もたたかれていたとしたら、大人が手を頭の上にかざしただけでたたかれると学習してしまったのかもしれない。

未来《みらい》の過去《かこ》に何があったのか——。

これまでの未来の行動と、学校での様子《ようす》を観察《かんさつ》していくうちに、未来が動物愛護《あいご》センターに来るまでの経緯《けいい》をある程度《ていど》推測《すいそく》することができた。

【わたしが「推測《すいそく》」した未来に起こった過去の経緯《けいい》】

○太文字は、現在《げんざい》わかっている事実

◎未来は、純血種《じゅんけつしゅ》の柴犬《しばいぬ》である

見た目が純血種であることから、野犬などが産んだ子犬ではなく、もとの飼《か》い主《ぬし》（大人で男女は不明）が、ペットショップやブリーダーから購入《こうにゅう》した子犬。

◎飼《か》われはじめてから、未来がほえると、飼い主は、何度も頭をたたいた。未来は「ほえる＝たたかれる」と学習。

たたかれる恐怖《きょうふ》からほえなくなった。

未来《みらい》はいっさい「ワン」とほえない犬。

◎未来をたたいた飼い主は大人（大きい人間）だったので、「大人（大きい人間）の手が頭の上に来る＝たたかれる」と学習。

大人が手をかざすと、にげるようになった。

◎おなじころ、もとの飼い主から虐待《ぎゃくたい》を受ける。

まず、**後ろ足の虐待**（**切断《せつだん》**）。日数をへて**顔の虐待**（**右目負傷《ふしょう》**）を受けた（傷の状態から同時期ではないとわかる）。

◎その後、生後1、2か月のころに遺棄《いき》された。

遺棄《いき》されてすぐに**小学生によって拾《ひろ》われ警察署《けいさつしょ》にとどけられた**。（真夏の暑い時期だったので、遺棄されて時間がたっていれば、傷《きず》の状態《じょうたい》などから死んでいた可能性《かのうせい》が高い）。

◎この時、小学生に保護《ほご》された未来《みらい》は「子ども（小さい人間）＝自分の味方《みかた》」と視覚《しかく》やにおいなどで学習。

同時に「子どもの手＝たたかない安全な手」と学習。

子どもが大好き。

未来の記憶《きおく》の中で、子どもと大人の情報《じょうほう》は、このようにインプットされているのかもしれない。推測《すいそく》ではあるが、いっさいほえないことも、もとの飼《か》い主《ぬし》からほえると頭をたたかれた経験《けいけん》があったからではないか。ほえることは、未来にとって恐怖《きょうふ》がまっているということなのだ。

しかしまったく「ほえない」ことが、学校への同行には幸いした。ワンワンほえる犬であれば、とても学校の授業《じゅぎょう》は無理《むり》だっただろう。

ただひとつだけひっかかることがある。それは、麻里子《まりこ》さんだ。

麻里子さんは大人の女性《じょせい》で、子どもではない。

それなのに、未来は動物愛護《あいご》センターで麻里子さんを見た時、麻里子さんにシッポをふり、自ら近づき、麻里子さんに友好的《ゆうこうてき》な態度《たいど》を見せたという。

人間とくらすペットとして、目の前にいる麻里子さんを敵《てき》にするのか、味方《みかた》にするのか、どちらを選択《せんたく》するべきか——。未来は動物的な勘《かん》で瞬時《しゅんじ》に感じとったのかもしれない。

そして、敵か味方かを判断《はんだん》する力は、虐待《ぎゃくたい》を受けた未来だからこそつちかわれたものなのかもしれないとわたしは思った。

これぱかりは、未来に聞いてみるしかないが、まちがいなく未来の中には人を見わける力、大人と子どもの境界線《きょうかいせん》がはっきりとあった。

そして、自分を救《すく》ってくれたことへの恩返《おんがえ》しかと思えるほど、未来は子どもたちに友好的《ゆうこうてき》だった。

未来《みらい》と子どもたちとのふれ合いタイムは、時に一日で600人にもおよんだが、未来はいやな態度《たいど》ひとつせず子どもたちとの「一期一会《いちごいちえ》」を担《にな》ってくれた。

それからも「命の授業《じゅぎょう》」は、年間20施設《しせつ》前後から依頼《いらい》を受けるようになり、小・中学校のみならず、少年院《しょうねんいん》や刑務所《けいむしょ》からも未来を連れてきてほしいと希望《きぼう》があった。

全受刑者《ぜんじゅけいしゃ》1400人を対象《たいしょう》に行《おこな》った刑務所での命の授業では、未来が登場《とうじょう》すると会場から嗚咽《おえつ》がもれた。受刑者のひとりが、拍手《はくしゅ》をしながら、未来に向かって「ありがとうございました」と泣きながらさけんだ。

少年院では、絶対《ぜったい》に笑《わら》わなかったという少年たちが、未来をなでてみな笑顔《えがお》になった。

未来《みらい》の存在は、まちがいなく、罪《つみ》を犯した彼らの琴線《きんせん》にふれた。

これは未来が受けた虐待《ぎゃくたい》と、そこで背負《せお》った障《しょう》がいに大いに関係があるのだとわたしは思った。


命を捨《す》てるのも人間。命を救《すく》うのも人間。

わたしたち人間には、さまざまな力がある。

その力はだれかを傷《きず》つけることもできるし、だれかを守り、救うこともできる。

人としてもって生まれたその力を、どう使ったほうが幸せだろうか——？

だれかを傷つけることに使うのか、だれかを守ること、愛することに使うのか——？

未来《みらい》は自分が登場《とうじょう》することで、この問いかけを言葉ではなく、丸ごと体で彼《かれ》らにぶつけたのだ。

なぜなら未来を虐待《ぎゃくたい》して足を切り、捨《す》てたのも人間であり、未来を動物愛護《あいご》センターから救い、愛情《あいじょう》を注《そそ》いできたのもまた人間だからだ。

虐待された当時の未来の写真と、目の前に現《あらわ》れた未来を見れば、もう言葉など何の意味もなさない。刑務所《けいむしょ》の受刑者《じゅけいしゃ》や少年院《しょうねんいん》の少年たちは、自分が以前、どちらの人間であったのか、そして、今後どちらの人間として生きていったほうがいいのか、明確《めいかく》な答えを未来からつきつけられることになる。

その答えを自らみちびき出した時、不自由な後ろ足で、自分たちのためにトッコトッコと会場を走る未来のすがたは、人によっては目をそむけたくなる存在であり、また人によっては後光《ごこう》がさして見えただろう。

そして、何より人間に傷《きず》つけられ、捨《す》てられた未来が幸せにくらしているすがたから、彼《かれ》らは、「どんなことがあってもやり直せる」という希望《きぼう》を見いだせたことだろう。

この瞬間《しゅんかん》、わたしはまさしく、ジョアンが立ち上げた、少年院《しょうねんいん》でのドッグ・トレーニング・プログラム「プロジェクト・プーチ」のことを思い出していた。

1992年にはじまったこのプログラムは、少年院で生活している少年たちがアニマルシェルター（動物保護施設《どうぶつほごしせつ》）から犬を引き取り、責任《せきにん》をもって飼い主が見つかるまで面倒《めんどう》を見る、という取り組みである。

シェルターから来る犬たちはみな、もとの飼《か》い主《ぬし》から虐待《ぎゃくたい》を受けたり、世話《せわ》を放棄《ほうき》されたりした捨《す》て犬《いぬ》たちで、大きなトラウマを抱《かか》えている。どの犬も未来とおなじような犬たちばかりだ。

その犬を引き取った少年が、自分が担当した犬を全責任《ぜんせきにん》でもって世話をする。

毎日、犬に食事や水をあたえ、散歩《さんぽ》に連れ出し、ブラッシングをし、犬《けん》舎《しゃ》のそうじをする。そのすべてを少年自身が行うのだ。

やがて少年たちの中に、命に対する「責任《せきにん》」が芽生《めば》えはじめる。人間不信におちいっていた犬は、少年の愛情《あいじょう》を受け、徐々《じょじょ》に「信頼《しんらい》」を寄《よ》せるようになり、少年を見ると、よろこびを全身で表すようになる。

自分のすがたを見てちぎれんばかりにシッポをふるようになった犬を見た少年は、何を感じるだろう――。

だれかを傷《きず》つけ、今まで社会の厄介者《やっかいもの》とされた自分でも、だれかを愛し守れる人間に変わることができる――。

だれかから信頼《しんらい》される人間に変わることができる――。

こうして、少年たちは自分の存在価値《そんざいかち》を見いだし、犬たちは人間への信《しん》頼《らい》を回復し、新しい飼《か》い主《ぬし》のもとへ旅立っていく。

双方がふたたび「希望《きぼう》」をとりもどし、新しい明日に向かって旅立っていける。それがジョアンの「プロジェクト・プーチ」だ。

犬はわたしたちを「犯罪者《はんざいしゃ》」「貧乏《びんぼう》・金もち」「学歴《がくれき》がある・ない」「容《よう》姿《し》が良い・悪い」などという色眼鏡《いろめがね》で見ることは決してない。

自分が誠実《せいじつ》に犬に接《せっ》すれば、犬はそれ以上の誠意《せいい》と信頼《しんらい》を寄《よ》せてくれる。それが罪《つみ》を犯《おか》した少年たちや、自分の存在価値《そんざいかち》を見いだせない子どもの心をつかむのだ。

未来《みらい》を見てなみだを流した受刑者《じゅけいしゃ》も、少年院《しょうねんいん》の少年たちも、そのなみだの意味は、ジョアンのプロジェクト・プーチの子どもたちとおなじなのだとわたしは思った。


未来を同行《どうこう》しての「命の授業《じゅぎょう》」は、思っていた以上に、多くの希望を子どもたちにあたえることができた。

しかし、授業開始《じゅぎょうかいし》から10年が過《す》ぎ、未来が11歳になったころ、わたしはそろそろ未来《みらい》の「仕事の引退《いんたい》」を考えなくてはならないと思いはじめていた。

10歳を過ぎれば犬も立派《りっぱ》なシニアだ。学校が好きとはいえ、長時間の移《い》動《どう》と時には数百人にもおよぶ子どもたちとのふれ合いタイムは、未来にとってまちがいなくストレスとなる。

知り合いからも「未来ちゃん、そろそろ学校に行くの終わりにしたら」と何度も言われたが、なかなかふん切りがつかなかった。

そうこうしているうちに、14年が過ぎ、授業を行った施設《しせつ》は、230か所をこえた。そのうち未来が同行したのは120施設、未来とふれ合った子どもたちは2万人をこえた。

老犬になった未来は、体育館を歩くのもずいぶんゆっくりとなり、時にはわたしに抱《だ》っこされて、ステージ前まで行った。

ゆっくりゆっくりと体育館の中を進む未来《みらい》に、やがて、子どもたちの「がんばれ」コールがかけられる。

「がんっばれ！　がんっばれ！　がんっばれ！！」

コールのリズムに合わせるように歩く未来が、体育館のステージ前にようやくたどり着くと、ふたたび子どもたちの笑顔《えがお》と大喝《かっ》さいに包《つつ》まれた。

授業が終わると、未来はわたしのひざの上にちょこんとすわり、今までと変わらず、子どもたちとのスキンシップを楽しむ。

おばあちゃんとなった未来は、子どもたちになでられながら、気もちよさそうに、わたしのひざの上でうとうととしてしまうことも多くなった。

子どもたちは口ぐちに「あったかいね！　未来ちゃん」「ありがとうね」「ずっと元気で長生きしてね」と満面《まんめん》の笑《え》みをうかべて体育館から教室にもどっていく。

こうして、この14年間、未来《みらい》は子どもたちの小さな先生役を担《にな》ってきた。

その様子《ようす》をずっと見てきたわたしには、若いころの未来より、今の未来のほうがより一層《いっそう》、大切なメッセージを伝えられるようになったと感じている。

見た目にはたしかに年をとり、おばあさんとなった未来ではあるが、その年齢《ねんれい》と同時に積《つ》み重《かさ》ねた心の中の「宝物《たからもの》」が、命のかがやきとしてきらきらと光り、子どもたちはそれを確実《かくじつ》に、かつ敏感《びんかん》に感じとっているようだった。

その宝物とは、未来が背負《せお》った「障《しょう》がい」と「トラウマ」だ。

未来はこのふたつを背負って、子どもたちにメッセージを送り続けてきた。

障がいやトラウマそのものが「宝物」というわけではない。

障がいもトラウマもないほうがいい。絶対《ぜったい》にないほうがいいに決まってた。

いる。

身体的障《しょう》がいやトラウマそのものが「宝《たから》」ではなく、自分が背負《せお》ってしまった傷をどう「宝」に変えていくのか？

未来は身体的障がいやトラウマを敵《てき》に回さず、常《つね》に味方《みかた》につけてきた。背負ってきた痛々《いたいた》しい過去《かこ》とけんかせず、上手《じょうず》につき合ってきた。

「ない」ものを求めず、「ある」もので精《せい》いっぱいかがやき続けてきた。

そのかがやきが、外見ではなく「心のかがやき」であることを、子どもたちは年老《としお》いた未来から気づいたことだろう。

自分がもっているまんまのすがたでかがやけ――。

「命のかがやき」とは、まさに「心のかがやき」のことなのである。

授業《じゅぎょう》のきっかけをくれた由佳《ゆか》ちゃんは、未来が3歳《さい》になるころ、別の場所に引っ越していった。元気にしていれば、24歳の立派《りっぱ》な社会人になっているはずだ。

由佳《ゆか》ちゃんは、自分が思い切りジャンプできる場所を見つけることができただろうか。

それとも、いまだその場所を求めているのだろうか。

未来のことを、たまには思い出してくれているだろうか。

由佳ちゃん、由佳ちゃんのおかげで、未来は海岸とおなじくらいジャンプできる、もうひとつの居場所を見つけたんだよ！　その場所はね、未来の心が思い切りジャンプできる場所なんだ。それが子どもたちのいる学校なんだ！　由佳ちゃんありがとう。

未来は由佳ちゃんにたくさんの勇気《ゆうき》をあたえたが、未来もまた、由佳ちゃんから大きなプレゼントをもらったのだとわたしは思った。

気がつけば15歳《さい》——。
子犬だった未来は、中学三年生とおなじ年になっていた——。

未来《みらい》の社会貢献《こうけん》

いつのころだっただろう――。

はっきりと記憶《きおく》にないが、何歳《なんさい》のころからなのか、未来は散歩《さんぽ》で家を出ると、自《みずか》らアスファルトの道にいどむようになった。

しかし、アスファルトの凸凹《でこぼこ》は、やはり未来の足にはとてつもなく不愉《ふゆ》快《かい》なものらしい。未来はすぐに地面にしゃがみこみ、切られた後ろ足をぺろぺろとなめた。

無理《むり》に歩かなくても、アスファルトの道はわたしに抱《だ》っこされれば、大好きな公園や海岸《かいがん》に行けるのだから、わざわざいたいことをする必要《ひつよう》はな

いと思うのだが、未来《みらい》は何かをたしかめるように、何度も、何度もアスファルトの道にチャレンジした。

それは、つらいことを克服《こくふく》するというより、自分にとって「それが本当にできないことなのかどうか」を確認《かくにん》しているように見えた。

幾度《いくど》となくそんなことをくり返すうちに、未来は、アスファルトを逆立《さかだ》ちするような格好《かっこう》で前足だけで横切ると、側溝《そっこう》のふたの上に行き、その上を歩きはじめた。

側溝のふたはコンクリートでアスファルトではない。かたいが凸凹《でこぼこ》がなく、つるつるしているため、ふたの上はアスファルトとはくらべものにならないくらい歩きやすかったのだ。

これはわたしもまったく思いつかなかった。かたい道は絶対《ぜったい》によくないと思っていたので、試《ため》そうなどと考えたこともなかったからだ。

未来は側溝のふたの上まで逆立ち状態《じょうたい》でたどり着くと、肉球《にくきゅう》が残ってい

る左後ろ足を着地《ちゃくち》させ、一度すわって、わたしの顔を見上げて、「ここなら歩けるよ！」と言わんばかりにふたの上を歩きはじめた。とはいえ、側溝《そっこう》のふたには、あながある。見ているだけであぶなっかしい。

そんなわたしの気もちを知ってか知らずか、未来《みらい》は、あなをひとつひとつたしかめるように、下を見ながらひょっこらひょっこらと歩く。

側溝のあなに足が落ちないか、気が気でなかったが、未来の「歩きたい」という気もちを、わたしは最大限尊重《さいだいげんそんちょう》することにした。

最初《さいしょ》は側溝のふたのあなの位置《いち》を気にしながらゆっくり歩いていたが、毎日それをくり返すうちに、体で感覚を覚えてしまったのか、あいているあなの上を、下を見ることもなくリズミカルに飛びこえてタッカタッカと進むようになった。

長年にわたる日々の海岸散歩《かいがんさんぽ》も功《こう》を奏《そう》したのだろう。ペラペラだった未来の後ろ足の太ももにはいつの間にかしっかりと筋肉《きんにく》がつき、後ろ足のバランスをとるのに役立っているようだ。人間のアスリートが負荷《ふか》がかかる砂浜《すなはま》トレーニングで体幹《たいかん》をきたえるのとおなじで、未来《みらい》も知らず知らずのうちに体幹トレーニングをしていたのである。

しかも、未来にはつらいトレーニングという意識《いしき》はまったくない。自分が思い切りジャンプできる楽しい場所で、走れるというよろこびの中で、後ろ足をきたえることができた。

なんて幸せなことだろう。なんてすごいことなんだろう。

懸命《けんめい》に歩く未来の後ろすがたを見て、わたしの目からボロボロとなみだがこぼれた。しかし、そのなみだの意味は昔《むかし》のものとはまったくちがう。そのなみだは、心から未来という犬を誇《ほこ》りに思う「感動のなみだ」だった。

普通の犬の歩く速さには到底《とうてい》かなわないが、気がつくと、未来は自宅近くの公園までの１００メートルの道のりを、抱《だ》っこなしで歩けるようになったのである。

かたい道でも凸凹《でこぼこ》がなく、ツルツルなら歩けると学習したのだろうか。マイペースで、自ら可能性《かのうせい》を広げていく未来《みらい》は、堂々《どうどう》としていてとても得意気《とくいげ》に見えた。人間も周囲《しゅうい》のプレッシャーを気にせず、マイペースに楽しみながら可能性を見つけていけたらどんなにいいだろうと、ふたをトントンと飛びこえていく未来を見てわたしは思った。

側溝《そっこう》のふたの次は、アスファルトの白線の上だった。

自宅前の道路に白線は引かれていなかったが、海岸《かいがん》までの歩道のアスファルト道は、一部がサイクリングロードとして使用されているため白線が引かれている。その上を未来は、タッカタッカとリズミカルに歩くようになったのだ。決して白線からはみ出すことなく、白線の上にそって忠実《ちゅうじつ》に歩く。その様子《ようす》は「未来ちゃんの白線流し」とわたしが冗談《じょうだん》にたとえるほど、スムーズで優雅《ゆうが》に見えた。

年齢《ねんれい》を重《かさ》ねるごとに、未来《みらい》はさまざまな経験《けいけん》をへて「できること」を見つけ、自分の体で学習して、後ろ足の障《しょう》がいをおぎなうようになっていた。不自由な後ろ足で歩く未来を見るのが、以前はとてもつらかったのに、いつの間にかわたしは、笑顔《えがお》で「未来ちゃんの白線流し」を見守るようになっていたのだ。

命の可能性《かのうせい》は無限《むげん》だ――。

側溝《そっこう》のふたに白線流し、そして何より十八番（おはこ）の海岸では、未来は多くの犬友達といっしょに砂浜《すなはま》をかけぬけた。

「ここなら負けないよ！」と言わんばかりに先頭を切って、風のように走り、多くの犬を自分の後ろにしたがえ、はちきれんばかりに体を躍動《やくどう》させて走った。

海岸《かいがん》は未来にとって唯一《ゆいいつ》、他の犬たちと互角《ごかく》に遊べる場所だ。

砂浜の砂を前足で大きく掘《ほ》りおこすと、未来はそのあなに顔をつっこみ、

ふたたびホリホリをして、あなの中にゴロン、ゴロンと体をすりつけた。他の犬たちがそれに続いた。

今まで飼《か》い主《ぬし》として、人と犬とのくらしのことしか考えていなかった。しかし、未来《みらい》が他の犬たちと遊ぶすがたをよくよく観察《かんさつ》していくうちに、未来には、抜群《ばつぐん》の社会性《しゃかいせい》に加え、他の犬を率《ひき》いる犬としての「リーダー」の気質《きしつ》があるのかなあと、わたしは考えるようになった。

その考えは的確《てきかく》だったようだ。

それは、さまざまな事情《じじょう》で捨《す》てられた子犬たちを、一時的にわが家であずかることになった時のこと――。

未来は、子犬たちの完全なる母親と化《か》した。

トイレ、遊び方、散歩《さんぽ》の仕方《しかた》、お説教《せっきょう》にいたるまで、そのすべてをだれに言われるまでもなく、順序《じゅんじょ》よく率先《そっせん》して子犬たちに教えはじめたのだ。

そのすがたは、未来《みらい》自身が子育てを、とても楽しんでいるように見えた。

子犬は子犬で、未来の決めたルールに正しくしたがい、そこには犬同士《どうし》の秩序《ちつじょ》がまちがいなく存在《そんざい》していた。

子犬をあずかっていたわたしがすることは、トイレシートの交換《こうかん》と食事の世話くらいで、あとは未来にまかせておけば何も心配はなかった。

子犬たちがお散歩《さんぽ》デビューをするようになると、未来はみなをしたがえて、ボス犬のように先陣《せんじん》を切って海岸《かいがん》を走った。子犬たちは未来のあとにひたすらついて走る。

子犬たちは、未来からたくさんの遊びを教わり、悪いことをすれば「ダメ」としかられ、犬社会のルールを徹底的《てっていてき》に教えこまれ、わが家で過《す》ごした。そのあとには、元気いっぱいに次《つぎ》つぎと飼い主さんのところへ旅立っていった。

この子犬の「あずかりっこ体験《たいけん》」は、世話《せわ》好きで、親分肌《おやぶんはだ》の未来を発見できた実《じつ》にいいできごとだったと思う。

犬の先祖《せんぞ》であるオオカミは群《む》れでくらす生きもので、これをウルフパックと言う。

ウルフパックには、リーダーとなるオス（アルファオス）とリーダーとなるメス（アルファメス）がいて、その下にアルファを補佐《ほさ》するベータ、最下位《さいかい》にオメガと群れには順位がある。順位《じゅんい》は、体の大きさや強さではなく、性格《せいかく》や態度《たいど》で決まるという。

ならば体が比較的《ひかくてき》小さく、障《しょう》がいがある未来《みらい》でもリーダーとして君臨《くんりん》できるということか――？　もちろん、人間とくらす犬とオオカミをいっしょにして考えるのは無理《むり》があるが、わたしは障がいのある未来が、もし、野生のオオカミの群れにいたらどうなのだろうと考えた。

オオカミは「損《そん》・得《とく》」で行動を選択《せんたく》する生きものだという。

例えば、未来《みらい》が野生のオオカミだった場合、群《む》れの仲間《なかま》は障《しょう》がいのある未来を守るだろうか、見捨《みす》てるだろうか——？

障がいがあって、集団行動の足手まといになる群れのメンバーは、見捨てられる可能性《かのうせい》が高い。障がいのある仲間は、群れの「得《とく》」にはならないからだ。

しかし、そこは野生動物のオオカミ。群れから見捨てられないために、自分に「できること」で群れが「得」することを見つけ、群れに貢献《こうけん》するのだという。

例えば、狩《か》りができなければ、子どもを産んだ母親の代わりに子守りを熱心にする、などがそれにあたる。

自分が得意《とくい》なこと、できることを見つけて、弱点をおぎない、群れに貢献し、のけ者にならないようにそれなりに努力《どりょく》するのだという。

大切なのは「できないこと」をするのではなく、「できること」で群れの役に立とうとすること――。

未来《みらい》もそうなのかなあとわたしは考えた。

未来にとって、群《む》れとはわたしたち家族《かぞく》であり、その家族の中で、未来は自分にできることで、群れ（家族）に貢献《こうけん》しようとしているのだろうか。

それが時には子犬たちの世話や教育係であり、時には命の授業《じゅぎょう》のアシスタントなのかもしれない。散歩《さんぽ》が不自由で飼い主に苦労《くろう》をかけている分、自分にできることで、飼《か》い主《ぬし》にとって「得《とく》」することは何か――。未来なりに考え、つとめてきたのではないだろうか。

もし、少しでも未来の中にそんな思いがあったのなら、未来がわたしたちのために積《つ》み重《かさ》ねてきたのは、「得」ではなく「徳《とく》」だったのだとわたしは思う。

以前、わたしは不自由な後ろ足で歩く未来を、泣きそうな思いで見守っていた。

それなのに、いつのころからか、一所懸命《いっしょけんめい》歩く未来《みらい》の後ろすがたを、心から「誇《ほこ》り」に思えるようになっていた。

今も昔も未来の後ろ足は不自由なままで、障《しょう》がいは何ひとつ変わってはいない。

変わったのは、未来の障がいではなく、わたしの「心」だった。

障がいをもつ未来を特別あつかいしていたのは、他のだれよりわたし自身だったのだ。

犬は飼《か》い主《ぬし》の心を一瞬《いっしゅん》で見ぬくという。

未来は、わたしたち家族《かぞく》にさまざまな形で社会貢献《こうけん》することで、わたしの不安を払拭《ふっしょく》していった。

同時に、わたしの中の未来への気負《きお》いが消え、たがいの信頼関係《しんらいかんけい》ができ上がっていったのだろう。未来がわたしの心を変えたのだ。

麻里子《まりこ》さんの家で、小さな未来《みらい》と出会った日から、15年――。

未来は、今日もいつものお気に入りの場所で気もちよさそうに寝《ね》ている。わたしの気配《けはい》にもまったく気づかず、お気に入りの羽毛《うもう》ふとんにのびのびと体を横たえ、スースーと寝息《ねいき》を立てている。ときどき、切られた後ろ足がぴくぴくとリズミカルに動き、ふとんにすれてシャカシャカと音を立てた。

海岸《かいがん》を走っている夢でも見ているのだろう。その寝顔は笑《わら》っているようだ。

自慢《じまん》だった真っ黒なひげも、今では真っ白ですき通ってしまった。体の毛もずいぶんと白くなった。耳も遠くなり、あれだけこわがっていたかみなりも、聞こえなくなったのか、いつごろからか、ドカーンという落雷《らくらい》の音にも知らん顔。すやすやと寝ているることが多くなったのだ。

こわいものが聞こえなくなったのだから、年をとるのも幸せだなあとわたしは思った。

かみなりが聞こえないくらいだから、当然、後ろから声をかけてもふり向くこともなく、まわりの気配《けはい》にもなかなか気づかない。

足音で気づいているだろうと思い、若いころとおなじように寝《ね》ている未《み》来《らい》をなでようものなら、びっくりして飛び上がってしまう。

そのため、未来が寝ている時には、未来の鼻の前に手をもっていって、においをかがせて近くにいることを知らせるか、「未来ちゃん！」とかけ声をかけてから起こすようになった。

しかし、食いしんぼうは相変わらずで、食欲《しょくよく》は旺盛《おうせい》だ。わが家に来てこの15年間、食事を残したことは一度もないし、手づくりのローストビーフ（味つけなし）には目がなかった。年齢《ねんれい》のわりには歯がじょうぶで、かむ力もまったくおとろえず、動物病院《びょういん》での血液検査《けつえきけんさ》も悪いところはどこもなく、他の同年代《どうねんだい》の犬より、未来《みらい》は格段《かくだん》元気だった。

傷《きず》つけられた右目は相変《あいか》わらずとじないままだが、一日1、2回目薬をさすだけで問題なく生活ができている。

何より、おどろいたのは、障《しょう》がいを負った未来《みらい》の後ろ足だった。

犬の筋肉《きんにく》の老化《ろうか》がはじまるのは後ろ足からだという。

そのため多くの犬は、年をとると、まず階段《かいだん》や段差《だんさ》の上り下りが困難《こんなん》になる。

それゆえ、子犬の未来と出会ったときは、老後《ろうご》の未来の足のことをひどく心配《しんぱい》していた。普通《ふつう》の犬でも後ろ足の筋力《きんりょく》がおとろえ、階段の上り下りができなくなるのだから、未来はもっとたいへんだろうと……。

ところが、もともと後ろ足をほとんど使えなかった未来は、前足だけで生活してきたため、前足の筋力がえらく発達していた。

犬の体重をささえているのは主に前足だ。後ろ足がないせいで、その前足を自然《しぜん》にきたえてきたせいか、今でも自力《じりき》で階段《かいだん》を上り下りできている。海岸散歩で後ろ足の太ももに筋肉《きんにく》がつき、体幹《たいかん》がきたえられたのも大きな助けとなっただろう。

若いころほどリズミカルに上り下りできなくなったとはいえ、「よいしょ、よいしょ」と懸命《けんめい》に階段を上り下りする。思わず手助けしたくなるが、飼《か》い主《ぬし》の勝手な親心は、未来《みらい》の可能性《かのうせい》をうばいかねない。未来のやりたい気もちを尊重し、けがだけはしないように階段に工夫《くふう》をこらし、あとは後ろで見守ることにしている。

散歩《さんぽ》は相変《あいか》わらず大好きで、公園までの道のりは側溝のふたの上をたどってトントンと歩き、今でも公園の中を毎日たくさん歩いている。

何かが足りない分、別の何かが年月をかけて、きちんとそれをおぎなうようになっているのだ。

死にそうなほど悲鳴《ひめい》を上げていた前足のつめ切りも、今では当たり前のように、わたしに身をまかせ、問題なくできるようになった。

「すごいなあ……未来《みらい》は……すごいなあ……」

未来を引き取ったあの日、まさかわたしと未来に、こんな未来がおとずれるとは思ってもみなかった。子どもたちの先生となり、多くの子どもたちに希望《きぼう》をあたえる犬になるとは、まったく思ってもみなかった。ただ、無事《ぶじ》に、元気に家族《かぞく》としていっしょにくらすことができればいいと願っていた。

それがどうだ――。平均寿命《へいきんじゅみょう》をむかえても元気で毎日散歩《さんぽ》に出かけ、夜はぐっすりねむり、大好きなローストビーフをたくさん食べて、いまだ学校に出向いている。

15歳《さい》の未来は元気いっぱいだ。

未来はもう、だれの目にも「かわいそう」とはうつらなくなった。

朝、通勤《つうきん》バスに乗るために早足で歩くサラリーマン、バス停《てい》でバスをまっている学生たち、子どもを幼稚園《ようちえん》バスに乗せるお母さんたち、みんなが未来《みらい》を見てそっとほほ笑む。

知らない人は、「15歳《さい》」という未来の年を聞いておどろき、「え‼　元気だね！」と声をかけてくれる。

側溝《そっこう》のふたの上をトントンとリズミカルに歩く未来を見て、「すごいねえ……よくあなに落ちないねえ……」とため息まじりに感心する。

未来の生い立ちを知って、「今は幸せになってよかったね」と多くの人がなでてくれる。

今は幸せ――。いい言葉だなあとわたしは思った。

「昔、幸せだった」より「今、幸せ」のほうがいい。

そして、「今日」より「明日はもっと幸せ」のほうがいい――。

変えることができるのは、明日という「未来」だけ――。

未来《みらい》は自分にできることを次《つぎ》つぎとやりとげ、その身をもって伝え続けた。

だれにでも思い切りジャンプできる居場所《いばしょ》が必《かなら》ずあるということを——。

ジャンプできる場所で、飛べばいいのだということを——。

そして、この15年間、他のだれよりも未来から多くを学び、教えてもらったのは、飼《か》い主《ぬし》であるわたし自身だった——。

エピローグ

捨《す》て犬《いぬ》・未来《みらい》、明日かがやく！

「未来ちゃんも、とうとう大台《おおだい》に乗ったねえ……。がんばってハタチ目《め》指《ざ》そう！」

15歳《さい》の誕生日《たんじょうび》のお祝《いわ》いは、かあちゃん手づくりの、超大型《ちょうおおがた》ローストビーフだった。

かあちゃんは、お誕生日会の翌日《よくじつ》、ローストビーフに思い切りかぶりつくわたしの写真をそえて、ジョアンさんにメールを送った。

15歳なのにこの食いっぷり！　ジョアンさん、わたしはまだまだ長生きできそうだよ。

ジョアンさんからの返事はびっくりするくらい、すぐに来た。

かあちゃんがわたしを家族《かぞく》にむかえた15年前と同様、おばあちゃんになったわたしの誕生日《たんじょうび》をだれよりもよろこんでくれたのも、ジョアンさんだった。

かあちゃんは、その後、ポートランドのとびっきりあまい高級《こうきゅう》チョコレートが送られてこないか、うきうきしながらまっていたが、残念《ざんねん》ながらまてど、くらせど、チョコレートは来なかった。

そりゃあ、15年も前のことなんて、ジョアンさんも覚えていないだろうな！

いつまでたっても、ずうずうしいかあちゃんを見て、わたしは笑《わら》った。

かあちゃんとわたしをつないでくれた、ジョアンさんとルーフス。

ルーフスは、2年前、ジョアンさんの腕《うで》の中で、13歳の生涯《しょうがい》を静《しず》かにとじた。

ジョアンさんに引き取られてからの11年間、ルーフスはたくさん愛されて、人間不信《ふしん》を徐々《じょじょ》に克服《こくふく》していった。最後はジョアンさんの腕《うで》に抱《だ》かれて、やすらかに天国に旅立つことができたという。

だれもが匙《さじ》を投げた「傷《きず》ついた命」を、自分の力で幸せにすることができれば、これほど自分にとって「幸せ」で「名誉《めいよ》」なことはない

ジョアンさんはルーフスを天国に送ったまさにこの瞬間《しゅんかん》、その言葉を現《げん》実《じつ》にできたんだとわたしは思った。それは、ルーフスの一生が終わらなければ証明《しょうめい》できない事実だからだ。

ルーフスもわたしも、虐待《ぎゃくたい》され、捨《す》てられ、殺処分寸前《さつしょぶんすんぜん》で九死《きゅうし》に一生《いっしょう》を

得《え》た。

「かわいそうな犬が、助かって本当によかった」15年前、だれもがそう思ったことだろう。

そのとおり、捨《す》て犬《いぬ》・未来《みらい》が童話《どうわ》の物語なら、助かってハッピーエンドだ！

でも、わたしもルーフスも物語や漫画《まんが》に出てくる犬じゃない。

人間に傷《きず》つけられたことも、捨てられたことも、動物愛護《あいご》センターで殺処分されそうになったことも、すべて現実《げんじつ》だ。

現実だから、「助かって終わり」というハッピーエンドはない。

「エンド」じゃなく、助かったら、そこからが「スタート」。

救われたそこからが、「生きる」ことのはじまりなんだ。

そのはじまりの先に何がまっているのか、何か起こるのか、だれもわからない。

もし、麻里子《まりこ》さんの中にオルガとのつらい思い出がなければ――。

もし、ジョアンさんが、ルーフスを家族《かぞく》にしていなかったら――。

もし、わたしがルーフスとおなじように障《しょう》がいをもっていなかったら――。

わたしは、かあちゃんと出会うこともなかった。

そして……、もし、由佳《ゆか》ちゃんに出会わなければ、学校に行って多くの子どもたちとも出会うことはなかっただろう。


わたしは願った。

わたしと出会ったすべての子どもたちが、思い切りジャンプできる居場《いば》所《しょ》を見つけられたらいいな！

わたしがかあちゃんと出会って見つけた、海岸《かいがん》と、学校の体育館のように、体も、心も思い切り飛べる場所が見つかればいいな！

プロジェクト・プーチの少年たちが、犬たちがくれた明るい明日に向かって再出発できたように……。

ジョアンさんがアメリカの少年院《しょうねんいん》ではじめたドッグ・トレーニング・プログラム「プロジェクト・プーチ」は、設立《せつりつ》から20数年。

これまで、犬たちと再出発を目指《めざ》した少年は800人をこえたが、ふたたび罪《つみ》を犯《おか》した少年はただのひとりとしていない。

ただのひとりとして……。

それは、罪を犯した少年たちが社会にもどり、思い切りジャンプできる場所を見つけたことを意味していた。

そして、その居場所《いばしょ》へと少年たちをみちびいたのは、わたしとおなじように、人間に傷《きず》つけられ、捨《す》てられた犬たちだったことをわすれてはならない。

だれにでも必《かなら》ずある――。

思い切りジャンプできる自分の居場所《いばしょ》が……。

それを見つけた明日は、きらきらにかがやくはずだ。

心がかがやけば、すべてがかがやく。

障《しょう》がいをもち、大きなトラウマを背負《せお》っていた、わたしの命が、きらきらとかがやいたように……。

追伸《ついしん》

わたしを救《すく》ってくれた麻里子《まりこ》さんは、その後もたくさんの捨《す》てられた小さな命を救い続けた。

その中にはわたしのように、障《しょう》がいをもった犬やネコもたくさんいた。

麻里子さんはこの15年間で、オルガへの「ごめんなさい」をいくつ消すことができたのだろう。

きっと、救われた命の数だけ「ごめんなさい」は消えたはずだ――。

そして、その中のひとつの「ごめんなさいの消しゴム」が、「わたしの幸せ」になったんだ。

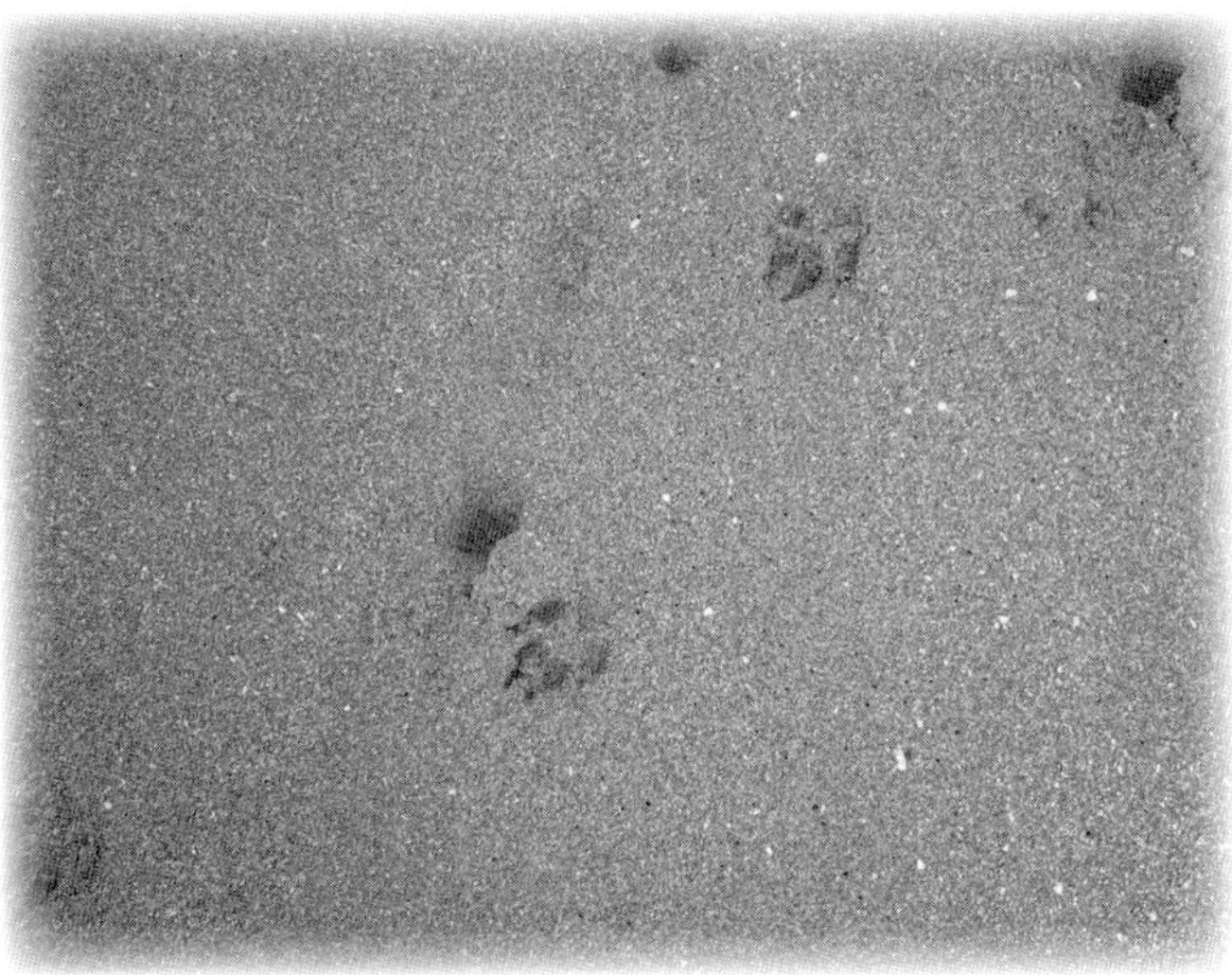

著者

今西乃子（いまにし　のりこ）

一九六五年、大阪府岸和田市生まれ。

児童書のノンフィクションを手がけるかたわら、小・中学校などで「命の授業」を展開。

『ドッグ・シェルター』（金の星社）で第36回日本児童文学者協会新人賞を受賞。

著書に『犬たちをおくる日』（金の星社）、

『命のバトンタッチ』『しあわせのバトンタッチ』『捨て犬・未来、命の約束』

『捨て犬・未来とどうぶつのお医者さん』『かがやけいのち！　みらいちゃん』（岩崎書店）などがある。

日本児童文学者協会会員。特定非営利活動法人 動物愛護社会化推進協会理事。

ホームページ https://noriyakko.com

写真

浜田一男（はまだ　かずお）

一九五八年、千葉県市原市生まれ。東京写真専門学校（現東京ビジュアルアーツ）Tokyo Visual Arts 卒業。

二年間広告専門のスタジオでアシスタント。一九八四年、独立。一九九〇年、写真事務所を設立。

第21回日本広告写真家協会（APA）展入選。

現在、企業広告・PR、出版関係を中心に活動。世界の子どもたちの笑顔や日常生活をテーマに撮影している。

ホームページ http://www.mirainoshippo.com

写真協力　山口麻里子（22・33・38ページ）

編集協力　ニシ工芸

デザイン　鈴木康彦

ノンフィクション・生きるチカラ28

捨て犬・未来、しあわせの足あと

二〇二〇年七月三十一日　第一刷発行
二〇二四年六月　十五日　第四刷発行

著者　今西乃子
写真　浜田一男
発行者　小松崎敬子
発行所　岩崎書店
東京都文京区水道一-九-二　〒112-0005
電話 03-3812-9131（営業） 03-3813-5526（編集）
振替 00170-5-96822
印刷所　株式会社光陽メディア
製本所　株式会社若林製本工場
NDC916 Published by IWASAKI Publishing Co.,Ltd. Printed in Japan

ISBN978-4-265-08039-7

ご意見・ご感想をおまちしています。
Email：info@iwasakishoten.co.jp
岩崎書店ホームページ
https://www.iwasakishoten.co.jp

岩崎書店

今西乃子　捨て犬・未来＆きらら シリーズ